嘉納治五郎

オリンピックを日本に呼んだ国際人

真田久

はじめに

欧米の文化として始められたオリンピックに、日本は第五回大会（一九一二年）から参加した。アジアの国では一番早い。また、戦時下の情勢のため開催は中止されたものの、一九三六年には「幻の東京オリンピック」の開催がいったんは決まっている。そして一九六四年、とうとう東京オリンピックが開幕した。

日本選手団のオリンピックへの初参加、「幻の東京オリンピック」開催決定という一大オリンピック・ムーブメントを主導したのは、講道館《こうどうかん》柔道を創始した嘉納治五郎だ。「マラソンの父」金栗四《かなくりし》三《そう》もまた、嘉納が手塩にかけて育てた弟子の一人だった。今日も絶大な人気を博《はく》す箱根駅伝を創始した一人が金栗四三である。

嘉納治五郎の業績は、一冊の文庫本ではとても描ききれないほど多彩で幅広い。本書では、嘉納の業績について、講道館柔道の創設とオリンピック・ムーブメントを中心にまとめた。興味をもった読者が嘉納について見識を深められるよう、当時の資料も引用・紹介している（但し、その多くは現代語に直した）。

序章では、小泉八雲こと、ラフカディオ・ハーンが嘉納の柔道を「逆らわずして勝つ」と欧米に紹介したが、これは日本人の精神性を示していることを述べた。自然災害の多い日本だからこそ、この考えが根付いたといえる。そして嘉納治五郎の生き様は、まさに「逆らわずして勝つ」であった。

第一章では、嘉納治五郎が国際オリンピック委員会（ＩＯＣ委員）になる以前に、日本がオリンピックにどのように関わったのか、ということを記した。実は、第一回オリンピックに日本はすでに関わっていた。

第二章では、嘉納治五郎の幼少期や青年期を駆け足で紹介しつつ、柔術を研究した末に「柔道」を創設した苦闘について描いた。

第三章では、明治以降の近代日本で、嘉納は日本人として初めて中国人留学生を日本に受け入れる。留学生は嘉納のもとでどのようにスポーツに接し、スポーツ交流が行われたのかについて著した。また、留学生のために設立した弘文学院の教師として活躍した牧口常三郎についても触れた。

第四章では、嘉納が普及に力を入れたスポーツは、柔道のみならず、水泳やマラソンであり、これらを「体育教育」そして今日の生涯スポーツにあたる「国民体育」として整備していった様子を記した。老若男女誰もが心身を鍛えられるこれらのスポーツを根づかせた業績は画期的だ。

第五章では、嘉納治五郎がIOC委員に就任し、大日本体育協会を設立してオリンピック・ムーブメントに参画した様子を描いた。

第六章では、関東大震災が起きてからただちに始まったスポーツによる復興に触れる。東日本大震災はじめ多くの災害を経験した日本にとって、嘉納がスポーツを通じて進めた震災復興は、何よりの生きた教科書だ。スポーツによる復興の意義を確認したい。

第七章では、嘉納治五郎によるオリンピックの東京招致の奮闘について触れる。事実上「欧米のもの」だったオリンピックを東京に招致するに至るまで、嘉納はどのように困難を突破していったのだろうか。

第八章では、オリンピックで日本を沸かせた「マラソンの父」金栗四三の人生について描く。本章は大河ドラマ「いだてん〜東京オリムピック噺〜」鑑賞の手引きにしていただければ幸いだ。

終章では、嘉納治五郎の考えと実践は共生社会を目指していたことを描いた。

「東京オリンピック招致当時のことを知りたい。第七章から読み始めよう」「箱根駅伝やマラソンが大好きだから第八章から読み始めよう」という読者におかれては、順を追って章を繰らずとも、途中のページから自由に読み始めていただいて一向に構わない。

それでは読者の皆様と、嘉納治五郎のライフヒストリーをたどる旅に出発したい。

嘉納治五郎　オリンピックを日本に呼んだ国際人◎目次

写真提供／講道館図書資料部
装丁／Malpu Design
（清水良洋、宮崎萌美）

序章

「逆らわずして勝つ」

嘉納治五郎の柔道を西欧に紹介した人物に、『怪談』などの作品で知られる作家ラフカディオ・ハーン（小泉八雲、一八五〇〜一九〇四年）がいる。

ハーンは一八九一年、第五高等中学校（現在の熊本大学）の校長の任にあった嘉納治五郎のすすめで、英語の教師として熊本に赴任《ふにん》した。日本文化に大いに興味を持っていたハーンは、嘉納が学生たちに指導していた柔道場に足を運ぶ。そして柔道について次のように観察した。

〈達人になると、自分の力に決して頼らない。では何を使うかというと、相手の力を使うのである。敵の力こそ、敵を打ち倒す手段なのだ。相手の力が大きければ大きいだけ、相手には不利になり、こっちには有利になるのである〉（小泉八雲著、平井呈一訳『東の国から・心』恒文社、一九八六年、原典は『Out of the East, Boston and NewYork』一八九五年）

相手の力を利用して勝つ、すなわち「逆らわずして勝つ」ことが、柔術の本質であることをハーンは伝えた。ここでいう柔術とは、嘉納の柔道のことであり、ハーンはその巧《たく》みさに魅了された。

しかしハーンが伝えようとしたのは、それだけではなかった。彼は、柔道を通して日本の近代化の特徴を描いている。

〈西洋人は、日本は西洋のものなら、服装はもとより、風俗習慣にいたるまで、なにもかも、西洋のものを採用するようになると、予言したものであった。ある人にいたっては、宗教だって、そのうちに勅令が発せられて、国民がキリスト教に改宗するような時が来るやもしれないと信じた。けれども、このような妄信は、その民族の深い能力や、見識や、昔から持っている独立自尊の精神なぞを、まるで知らなかったことに起因する。その間、日本が、ひたすら柔術の稽古ばかりしていたということを、西洋人は爪の垢ほども想像しなかった〉（同前書）

日本人が皆柔術をやっていたわけではないが、「逆らわずして勝つ」という原理に、日本人や日本文化の特質を見出したのである。そしてハーンは、西洋人よ、日本を甘く見るな、と言わんばかりの表現をする。

〈要するに、日本は、西洋の工業、応用科学、あるいは経済面、財政面、法制面の粋を選んで、これを自国に採用したといえば、それで足りる。しかも日本は、どんな場合にも、西洋における最高の成績のみを利用し、そうしていったん手に入れたものを、自国の必要にうまく適合するように、いろいろに形を変えたり、あんばいしたりしたのである。

自分の国は、昔ながらのままにしておきながら、実に敵の力によって、あたうかぎりの限度まで、自国を裨益《ひえき》したのである。かつて聞いたこともないような、あの驚嘆すべき頭のいい自衛法で、あのおどろくべき国技、柔術によって、日本は今日まで自国を守りつづけてきたのだ。いや、現在も守りつづけつつあるのである〉(同前書)

これが欧米で出版されたのは日清戦争終結の直後（一八九五年）であった。欧米が日本に注目し始めた時期である。『柔術』が収められたハーンの作品集は、ロンドンでも、ニューヨークでも版が重ねられた。

そしてこれ以降、講道館への外国人客が増える。それも政治家や外交官、教育学者などが次々に見学に訪れた。日本の近代化の正体は講道館にあり、ということを確かめに来たのであった。

柔術を通して日本の近代化を描いたハーンは柔道の伝道者となった。そして嘉納治五郎の名も欧米で知られることとなる。

東京オリンピック招致のため、ベルリンへ向かう嘉納治五郎

ハーンが指摘したように、異国の文化をうまく受け入れて自分のものにしてきた日本人のしなやかさ、これは日本人の長所として忘れてはならないことの一つであろう。古来から、大陸の文化を受け入れつつ、日本的にアレンジして、日本の文化の中に溶け込ませてきた。一方、大きな自然災害に対しても、そこから復興する過程で、より良いものを作り上げてきたといえる。押し寄せてくる外からの力に対し、逆らわずに受け止め、それを自分自身の枠の中に収めつつ、以前より良いものに創りかえてきたのであり、これがハーンの目からは、「逆らわずして勝つ」という日本人の精神性であり、日本文化の特徴と映《うつ》ったのだ。

そして嘉納治五郎の生き方は、まさにこのような生き方であった。どんな難題が降りかかっても、「逆らわずして勝つ」、すなわち難題に対してその本質を探り、解決に向けて工夫し、最終的に勝利する、という生き方である。一九三六年に東京でのオリンピック開催がIOC総会で決まるが、日本は一九三三年に国際連盟を脱退し、世界の孤児になっていた。またヨーロッパから日本までの渡航日数は二〇日間近くかかる。そのような中でも、欧米から東京に皆で行って、オリンピックに参加しようと決定させたのは、嘉納の並々ならぬ努力によるものであった。本書ではその点を踏まえて嘉納治五郎について描くものである。

第一章

日本のオリンピックへの関わり

第一回オリンピック競技大会への関わり

日本人がオリンピック競技大会に代表選手を派遣して参加したのは一九一二（明治四十五）年。スウェーデンのストックホルムで開催された第五回オリンピックだ。しかしながら、実はそれ以前にも、日本はオリンピックと関わりを持っていた。ギリシャのアテネで一八九六年に行われた第一回大会からすでに関わっていたのである。それは、選手を派遣したのではなく、陸軍が銃を大会組織委員会に贈呈したのだ。ことの経緯は次の通りだった。

第一回オリンピック競技大会が開催されるに当たり、射撃競技もオリンピック競技の一つに選ばれた。ギリシャの射撃委員会は、各国の様々な銃を集めて展示しようと決め、各国に武器の提供を依頼した。その依頼が日本にも届けられたのである。といっても、当時日本とギリシャとはまだ国交が結ばれていなかったので、日本との国交があるイギリスを介《かい》して日本政府にギリシャの大会組織委員会からの依頼が届けられた。

外務省の記録によれば、一八九五年八月、在英ギリシャ代理公使メタクサより、在英特命全権公使加藤高明に、一八九六年アテネで行われるオリンピックにおいて、武器の展覧会を開催するので、日本から武器を出してほしい旨の依頼を受けている。その依頼を受け、外務大臣臨時代理の西園寺公望が陸軍大臣・大山巖に届け、陸軍省は村田連発銃一丁と実弾に似せた玉、三〇発を同年十一月にギリシャに送った。明治政府の中枢にいた人物が、オリンピック競技大会に関わっていたことになる。第一回オリンピックから関わりを持ったのであったが、平和の祭典であるオリンピックに最初に関わったのが陸軍省であった、という点は、面白い。

第三回オリンピック競技大会への関わり

次にオリンピックに関わったのは一九〇四年の第三回オリンピック競技大会である。この大会はヨーロッパではなく、米国のセントルイスで開催された。

このオリンピックは、アメリカ合衆国がルイジアナ州併合一〇〇周年を祝うために開催されたセントルイス国際博覧会の一部として行われた。博覧会のテーマは「人類の進歩」で、暗い未開から最高の文明へ、野蛮人から市民へと進歩した足跡を示そうとした。そのために、アメリカインディアン、アフリカのピグミーほか、フィリピンの少数民族、そして北海道に住むアイヌなどの少数民族が集められ、その生活ぶりが展示された。アメリカの著名な人類学者フェレデリック・スタール博士が来日し、北海道を回り、指導者的なアイヌの人々と交渉し、契約書を交《か》わしてセントルイスまで連れて行った。男性四人、女性三人、それに子どもが二人というアイヌの人々であった。彼らはセントルイスの博覧会場に設けられたアイヌの家屋で生活を送り、その様子が衆目に晒《さら》されたのだ。白人の市民社会が最も優れた社会であることを示そうとした帝国主義的な催《もよお》しであった。

博覧会の組織委員会の中に、身体文化部門があり、この部門とアメリカオリンピック委員会とがオリンピックを主催した。身体文化部門が博覧会組織委員会の別の部門である人類学部門に提唱して始められたのが、オリンピックにおける「人類学の日」というイベントで、八月十二日と十三日に少数民族の人々に身体能力を競わせ、彼らの能力を測定することを目的に行われた。このイベントに、次のアイヌ男性四人が参加した。

平村サンゲア（五十七歳）
平村クトロゲ（三十九歳）
小沢ヤゾウ（二十三歳）

ベテ　ゴロー（二十六歳）

彼らは、一〇〇ヤード走、野球ボール投げ、一六ポンド投げ、五六ポンド投げ、走り幅跳び、弓（的当て）の種目に参加し、このうちサンゲアが弓の決勝戦で、二位になった。彼らは礼儀正しく、清潔好きであったため、評判になったが、少数民族＝未開人という図式が成り立たない事例として話題になった。当時のアイヌの人々は、日本国籍を持っていたので、この四人が最初にオリンピックに出場した日本人といえるかもしれない。しかしながら、ＩＯＣはこの人類学の日のイベントを差別的であったとして、この競技そのものを否定し、オリンピックとは無縁のイベントとした。

中間オリンピック（一九〇六年）への誘い

次に日本がオリンピックに関わりを持つのは、第一回オリンピックの一〇周年を記念してギリシャのアテネで行われた国際競技大会（中間オリンピック）であった。この大会は第一回オリンピック競技大会の成功により、アテネで永久開催してはどうか、という意見が浮上し、それに反対するクーベルタンとの折衷案《せっちゅうあん》として浮上したのがオリンピックの中間年に開催するオリンピック、つまり中間オリンピックの開催であった。その最初の大会を一〇周年大会と併《あわ》せて一九〇六年にアテネで行うことが計画された。そしてこの大会の招待状が日本にも届けられた。届けられた先は日本体育会（今日の日本体育大学）で、差し出しの日付は一九〇五（明治三十八）年十一月二十四日であった。内容は、一九〇六年四月二十二日からアテネにおいてオリンピック競技大会が開催されるので、日本でもオリンピック委員会を結成して、参加することを期待するというものであった。日本体育会は日高藤吉郎によって一八九一（明治二十四）年に設立された民間の体操指導者養成学校で、国民全般の体育の振興を目指していた。

日本体育会では、ギリシャからの招請状について検討した。しかしながらオリンピックについて関心を寄せてはいたものの、一部の限られたアスリートを養成することは設立の理念に合わないこと、さらに経済的な余裕もないことから、参加を断るという結論が出された。

二十世紀初めの日本の体育・スポーツ界においては、オリンピックについて説明されても、その意義をなかなか理解できなかったのだろう。しかしながら、そのわずか三年数カ月後に、嘉納治五郎はオリンピックへの参加を快諾《かいだく》することになる。日本体育会と同様、嘉納もまた、国民体育の振興、つまり全国民に体育を行わせたいということを目指していたが、その一方で一握りのアスリートたちの競技大会への参加を快諾する。それは、嘉納治五郎がそれまでに行ってきた実践の積み重ねがあり、オリンピックへの参加と国民体育の振興は両立できると確信していたからに他ならない。彼の実践とは、柔道による心身の教育、学校における体育の振興、そして留学生とのスポーツによる交流であり、これらを十分にやり尽くしていたから、オリンピックを理解でき、日本が参加することに迷わなかったのである。

第二章

講道館柔道の創設

四書五経と英語を学んだ英才・嘉納治五郎

嘉納治五郎は、一八六〇年十月二十八日(現在の暦では十二月十日)、父・次郎作(一八一三〜一八八五年)、母・定子の第五子三男として摂津国御影《みかげ》村(現・神戸市東灘区御影)の酒造家に生まれた。幼名は伸之助という。御影の嘉納家は、灘《なだ》の中心的酒造家であり、菊正宗などを製造している。

父・次郎作は嘉納次作に見込まれて、嘉納家に婿養子として入り、次作の長女・定子を妻とした。養父・次作の死後しばらくしてから、次郎作は酒造業を次作の実子に譲り、一八六三年、大阪に出て幕府の汽船や帆船を貸下げてもらい、大阪・神戸と江戸との間の定期航路を開いた。また幕府の軍艦奉行の勝海舟(一八二三〜一八九九年)とも親しくなった。次郎作は明治維新後も海軍の文官として勤務している。次郎作は、進取の気性にあふれた勝から影響を受け、海外の様子にも旺盛《おうせい》な関心をもっていた。

母・定子は、しつけに熱心であり、他人のために尽くすことを治五郎に教えた。このような父と母のもとで育ったことは、治五郎にとって幸いなことだった。

次郎作は教育熱心で、治五郎が五歳のとき、山本竹雲という儒者を招いて書道と経書を習わせた。経書とは、中国の四書や五経など儒教の書だ。治五郎は山本から学んだ字を拾い集め、手製の教科書を作って親類の子どもたちに教えている。そんな中、治五郎が八歳のころ、母が病気によってこの世を去ってしまう。母の教えである他人のために尽くすことが治五郎の心に刻まれた。

嘉納治五郎の父・次郎作

一八七〇（明治三）年、次郎作は九歳の治五郎を東京に連れて行った。上京した治五郎が最初に学んだのは、東京・両国で生方《うぶかた》桂堂が経営していた塾（成達書塾）だ。生方は治五郎の優れた素質を見抜き、特別に力を入れて教育に励む。生方は、これからは西洋の学問への関心が高まっていくだろうと予想し、治五郎に、英語も併せて勉強するよう勧《すす》めた。

生方の助言を受けて、治五郎は神田にある箕作秋坪《みつくり》の塾に通って英語を学ぶ。箕作は、この塾を開いたほか、森有礼や福沢諭吉らとともに一八七三年にわが国初の学術団体「明六社」を興《おこ》し、広く知識人を啓蒙《けいもう》した人物だ。

治五郎が上京した一八七〇年は、明治政府のもと、新しい日本となった直後だった。転換期を東京で過ごした治五郎は、時代の大きなうねりの中で、東洋と西洋双方の学問を学んでいく。「洋の東西の思想を調和的に活かす」という後の治五郎のみずみずしい発想は、すでにこのころから培《つちか》われていた。

東京大学文学部に進学

一八七七年、十六歳のときに嘉納治五郎は開成学校から東京大学文学部に編入学する。この年、東京開成学校と東京医学校を合併して東京大学が創られた。開学当初、東京大学には法学部、理学部、文学部の三学部と医学部があり、嘉納は文学部第一科を選ぶ。在学中の一八七九年、第一科は哲学政治学及び理財学科と改められた。

教授陣としては、英文学にウイリアム、エーホートン、心理学及び英語に外山正一、

納は次のように述べている。

〈学科の上では他人におくれをとる様なことはなかったけれども、当時少年の間ではとかく強いものが跋扈《ばっこ》して、弱いものは常にその下風に立たなければならない勢であったので、これには残念ながら常におくれをとった。（略）幼少の時から日本に柔術というものがあり、それはたとえ非力な者でも大力に勝てる方法であるときいていたので、是非柔術を学ぼうと考えた〉（嘉納師範口述・落合寅平筆録「柔道家としての嘉納師範　一」『作興』六巻一号、一九二七年）

幼少期（11歳）の嘉納（右）

嘉納は勉強家で成績優秀だったが、幼少のころからケンカに弱くいじめられっ子だった。成人になってからも身長一五八センチ、体重五八キロしかなかった嘉納は、体格に恵まれなかった。嘉納は強くなりたくて、柔術を学ぼうと決心した。生来の負けん気から、「もっと強くなりたい」「柔術を身につけよう」と思いついたのだ。

一八七七年に東京大学に編入学するや、嘉納は自ら整骨師を探し回って八木貞之助に出会う。八木は、かつて幕府講武所に勤めていた天神真楊流柔術の師匠・福田八之助を紹介してくれた。嘉納は福田を訪ね、九畳の道場で念願の柔術を稽古《けいこ》できることになった。

福田の道場での稽古は、福田から「形」を習い、別の弟子と乱取りを行う形式で進められた。福田の教授ぶりは、技の原理や掛け方を説明することなく、ただひたすら投げられる中で技術を得る「体得主義」だった。

理論的な説明が一切ないスパルタ式の稽古に、嘉納は疑問を抱く。そこで自ら柔道人形を作り、身体の構造を熟知したうえで相手の姿勢を崩し、技をかける方法を独自に研究した。

一八七九年、嘉納が十八歳のとき、アメリカのユリシーズ・グラント前大統領（第一八代）が来日する。嘉納は渋沢栄一に招かれ、磯正智や福田八之助その他の諸名家と共に、グラント前大統領の前で柔術の乱取りを行う。

同年八月には、柔術の師匠・福田八之助が五十二歳で死去する。そこで嘉納は、福田の師匠であり、流祖・磯又右衛門の高弟である三代目・磯正智について稽古を始めた。当時、磯正智はすでに六十歳だったため、乱取りの指導はせず、嘉納は「形」を習った。

〈当時は今の様に乱取が主でなく、最初は必ず形をやったもので、それから乱取をやるのだが、三十人悉《ことごと》く一人で形をうけるのではないにしても、其多数は自分がこれを引き受ける、それから更に乱取を指導する。（略）帰りは、おそい時には十一時をきいてからになる〉（嘉納師範口述・落合寅平筆録「柔道家としての嘉納師範二」『作興』六巻二号、一九二七年）

嘉納がこう述べているように、彼は磯正智のもと、天神真楊流の形をみっちり稽古した。

柔術を徹底的に研究する

一八八一年六月になると磯正智も亡くなったため、嘉納はさらに師とすべき人を探し求める。そして起倒流《きとうりゅう》の飯久保恒年にめぐり合った。飯久保は当時五十歳を超えていたが、嘉納は柔術の「形」はもちろん、乱取りも学んだ。

それまで学んだ天神真楊流は平服組討《へいふくくみうち》（普段着）の技で構成されており、咽喉《のど》を絞めるとか関節を逆に極めるとか押し伏せるといった技を主としていた。起倒流は技の掛け方にずいぶん違いがあることを嘉納は発見した。起倒流は鎧《よろい》組討技であり、腰技や横捨身技に優れたものがあった。嘉納は真剣に起倒流の研究に取り組んだ。そして起倒流の乱取り中に、次のような発見をする。一八八五年ごろのことだ。

〈或日のこと、先生と乱取をして居ると、自分の投げがよくきく。これまではこちらから投げることもあったが、随分先生から投げられたのに、その日はこれまでとちがい、不思議にも先生からは一本もとられず、而も自分のかけるわざが誠によくきく。一体先生は起倒流であるから投わざの名人であって、平素自分は、よく先生から投げられたのである。然るに、その日は本当に珍しい結果を見たのである。先生がいかにも不思議に思われ、いろいろと考えておられた。これは全く、自分が相手の身体を崩すことを研究して自得した結果であったのだ〉（嘉納師範口述・落合寅平筆録「柔道家としての嘉納師範　六」『作興』六巻六号、一九二七年）

乱取りの最中、嘉納は相手の態勢を崩してから即座に技をかける方法を発見した。嘉納がこのことを師匠の飯久保恒年に話したところ、飯久保は「これから教えることはないので、今後は乱取りは見合わせましょう」と言って、これを限りに乱取りの稽古をやめてしまう。なお、後に講道館では、嘉納の体験に基《もと》づいて「六方向の崩し」「八方向の崩し」を弟子たちに教えるようになった。

嘉納が起倒流の免許を与えられたのは、一八八三年のことだ。このとき、飯久保がもっていたあらゆる伝書が嘉納に授《さず》けられている。起倒流の稽古は、嘉納が免許取得後も続けられた。

天神真楊流の稽古については、前述のように一八七七年から福田八之助について学び始めている。三代目・磯正智のほかにも、四代目・磯正信、また磯正智の高弟・井上敬太郎にも師事した。井上道場では西郷四郎との出会いもあり、嘉納は九年間にわたって天神真楊流を学ぶことになる。

嘉納塾の創設

嘉納治五郎は一八八二年一月、学習院の講師に就任する。二月になると下宿住まいから居を移し、下谷区（現・東京都台東区）北稲荷町にあった永昌寺に住むようになった。親類や懇意な人から頼まれ、書生を受け入れるようになったからだ。

永昌寺は閑静《かんせい》で脱俗的であり、しかも建物が立派なところが気に入った。嘉納は書院の二間を自身の書斎とする。付属屋は書生用の部屋とした。これが「嘉納塾」の始まりだ。塾創設の意図は次のようなものだった。

〈この頃、人が世に処し事に従う有様を見ると、その目的とする所は、自己の利益を得るためか、そうでなければ、名誉権威を求めることにあって、誠心実意国を思い道を行う物は甚だ稀である。そのような弊風は、ひいては学生におよんで、学問をするのは富を得、名を求めるためだと考えるようになり、やがては日常の行為まで目前の小利に眩惑されて永遠の大計を忘れるに至るのだ〉（嘉納先生伝記編纂会編

『嘉納治五郎』講道館、一九六四年）

塾が目的としたのは、自身の利益のためではなく「国家や社会のために働く人材の育成」だ。

塾では書院を道場にし、柔術の稽古が始められた。塾の方針として〈よく艱難困苦《かんなんこんく》に打ち克ち、克己、勤勉、努力の習慣を養い、人の為に潔よく推譲するの精神〉（嘉納師範口述・落合寅平筆録「柔道家としての嘉納師範　五」『作興』六巻五号、一九二七年）をもたせることに重きを置いた。「困苦の体験はやがて有為な人物になる」という確信から、嘉納は厳格な規則を定め、規律のある塾生活を送らせた。子弟の年齢により、幼年舎、中年舎、成年舎の三部に分けて育成した。

嘉納塾はその後、嘉納の転居とともに一八八二年九月には都内の今川小路に、一八八三年には上二番町に、一八八六年には富士見町に移る。入塾者が多くなり、より広い塾舎を求めて移転を余儀なくされたからだ。

講道館柔道の創設

「柔術」から「柔道」へ

永昌寺では、起倒流の飯久保恒年を招いて形や乱取りの稽古をしている。書生のみならず、外部からの希望者も加えて、柔術の稽古が行われるようになった。稽古を通じて、自身の身体が良くなっていくのみならず、心も落ち着いていくことを嘉納は自覚した。

〈自分は、かつて非常な癇癪《かんしやく》持で、容易に激するたちであったが、柔術のため身体の健康の増進するにつれて、精神状態も次第に落ち付いて来て、自制的精神の力が著《いちじる》しく強くなって来たことを自覚するに至った。又柔術の勝負の理窟が、幾多の社会の他の事柄に応用の出来るものであるのを感じた。更に、勝負の練習に附随する智的練習は、何事にも応用し得る一種の貴重なる智力の練習なることを感ずるに至った。もとより方法としては、在来教えられ来た方法そのままで良いとは思わないが、相当の工夫を加うるに於ては、武術としての外に、智育、体育、徳育として

永昌寺

誠に貴重なるもののあることを考うるに至った〉（嘉納師範口述・落合寅平筆録「柔道家としての嘉納師範三」『作興』六巻三号、一九二七年）

一八八二年五月、嘉納は「柔術」の名称を「柔道」に変える。そして「人の道を教える柔道」として、永昌寺で稽古を始めた。これが講道館柔道の始まりとなった。

講道館柔道の目的について、一八八九年五月に文部大臣・榎本武揚やイタリア大使を招いて行われた大日本教育会での嘉納の講演で詳細に説明されている（嘉納治五郎『柔道一班並ニ其教育上ノ価値』大日本教育会雑誌十二、一八八九年)。

そこでは、柔術は勝負(相手を倒すこと)を目的とするが、柔道は勝負に加え、体育と修心の目的も併せ持つもので、体育は、筋骨を発達させ、身体を壮健《そうけん》にし、身体四肢の動きを自在にさせることであり、修心は徳性を涵養《かんよう》すること、智力を練ること、そして勝負の理論を社会に応用することであると説明している。

徳性とは、人に対して、公正で正義を重んじ、礼儀を守ることであり、自己に対して、身体を大切にし、忍耐力をつけて苦難に耐え、熟慮断行《じゅくりょだんこう》することである。

智力を練るとは、観察、記憶、推理により、どのように技をかけたら良いかということを、考えることであり、観察を怠らぬ人は修行も早く進むと述べている。

修心の三つ目にあげた社会への応用とは、社会での人間関係の有り様が、柔道の練習や試合に現れるというもので、嘉納は特にこの点を強調した。相手と対戦するとき、相手の体格、力量、得意技や道場の様子など詳細を知った上で、つまり自他の関係を理解することが重要であり、これは経済、政治、教育など社会全般に応用できるというものである。

嘉納が教える柔道は柔術とは違って、単に相手と戦い、相手を倒すための武術を教えるわけではない。「道を教える教育所」であり、それ故、嘉納は柔道の道場を「講道館」と名づけたのであった。一つの武術に過ぎなかった柔術は、こうして人間生活全般に通じる道、柔道になったのである。

講道館柔道の発展

講道館柔道の発展は、入門者数と道場の広さの推移に表れている。入門者数は一八八六年には九八人、翌年には一躍して二九二人、一八八八年には三七八人、一八八九年には六〇五人と増えていった。

道場の広さも一二畳半の永昌寺から始まり、より広い場所へ移転しながら、一〇〇畳敷の道場を夢見るようになった。

発展の契機になったのは、警視庁による武術大会における講道館の門人たちの活躍であった。

警視総監だった大迫貞清は、「撃剣及び柔術の奨励と技能優秀者を警視庁に採用する」という目的で、第一回警視庁武術大会を一八八五年五月に開催した。第二回以降は、大迫を継いだ三島通庸が大々的に大会を開く。

当時は講道館の名が徐々に知られるようになっていたため、武術大会では柔術界の名声高い楊心流戸塚門との対決が企画された。両者が対決した試合は、次のように推移した。

〈戸塚門下も十四・五名、講道館からも十四・五人、各選手を出したとおもう。その時四・五人は他と組んだが、十人程は戸塚門と組んだ。（略）この勝負に、実に不思議なことには二・三引分けがあったのみで、他は悉く講道館の勝となった〉（嘉納師範口述・落合寅平筆録「柔道家としての嘉納師範　八」『作興』六巻八号、一九二七年）

楊心流戸塚門に圧勝した講道館の実力は、天下に広く知れ渡ることになった。

一八九三年、小石川区下富坂町に家屋の売り物があったのを幸いとして、嘉納はこれを買いとり、家屋に隣接して一〇七畳敷きの道場を新築した。

一八九四年五月二十日、講道館の新築落成式はこの新道場で盛大に挙行《きょこう》された。来賓には勝海舟をはじめとし、品川弥二郎、田中光顕、高崎正風、伊丹重賢、三好退蔵、渡辺昇らが臨席している。

新築落成式では乱取りや各流派の形が披露された。起倒流、竹内三統流、良移心頭流、渋川流、天神真楊流、竹内流、直信流の形が披露される中、とりわけ来賓の心を引いたのは、嘉納が山下義韶《よしつぐ》や小田勝太郎を相手に演じた講道館形だ。講道館の形は、各流派のエッセンスを組みこみ、独自に編み出された。

小田勝太郎との形では「打込」「横打」「蹴掛」という三手をまず静かにとってその動作を観衆に理解させ、次いで電光石火の如く三手をとり、その妙味を示す。嘉納による見事なまでの形は、一同に深い感銘を与えた。

来賓の一人として列席していた勝海舟は神技に驚き、その感懐《かんかい》を「無心而入自然之妙　無為而窮変化之神」（無心にして自然の妙に入り、無為にして変化の神を窮《きわ》む）という扁額《へんがく》にして嘉納に贈っている。彼が演じた柔道の形は、無心で自然であり、それ自体美しく、またその技の変化する様は神業の極みである、との意味である。

全国へ発展した講道館柔道

講道館が短期間に発展したのは、自由に技を掛け合う練習方法、乱取りを積極的に稽古に取り入れたからである。乱取りを中心にしたことで、一八八五年から始められた警視庁での武術大会で、他の流派を圧倒することができた。それまでの柔術界では、乱取りに積極的ではなかった。形のみを行うか形を中心とした稽古を行っていた流派がほとんどだった。まして流派以外の者と試合を行うことなどは許されなかった。嘉納は各柔術を修行しながら、乱取りを積極的に取り入れ、関節技などの危険な技は封印し、投げ技を中心に技の体系を作った。それにより、誰もが安全に柔道を実践しやすいようにした。投げ技中心の柔道は、実践して面白く、そこに黒帯など段位を組み入れたことで、柔道を行う者により刺激を与えた。つまり嘉納は柔道を競技化（スポーツ化）したといえる。技を再構成し、多くの観衆の前で競い合う、これは多くの若者に受け入れられ、結果的に講道館柔道の発展に役立った。このことは、競技化された国際大会、オリンピックへの理解にもつながっていくのだった。

「形」の制定

嘉納は乱取りを活用しながらも、形を軽視したわけではなかった。徐々に修行者が増えて乱取りが盛んになってくると、直接、指導の手がとてもではないが届かなくなる。そこで嘉納は「投の形」をこしらえた。また一八八七年ごろには、抑えこみ技と絞め技、関節技の中から代表的な技を選び「固の形」も作っている。

このころになると、一五本の「真剣勝負の形」を作る。起倒流の形は、投げ技の原理と高尚《こうしょう》な理論を含むため「古式の形」として残した。こうして、投げ技中心に安全に攻防できる乱取りと、当て身や関節技を含んだ「形」との二つの練習形態をもたせたことが、その後の柔道の発展につながった。

嘉納は自らが奉職した学習院や熊本第五高等中学校で柔道を授業に取り入れ、それと並行して慶應義塾や東京大学などでも課外授業として柔道が行われるようになり、海軍兵学校にも柔道教師を派遣する。嘉納は一八九三年には高等師範学校（後に東京師範学校、東京教育大学を経て、現在の筑波大学）校長に就任し、翌年には柔道場右尚館を設け、高等師範学校附属中学校に柔道部を創設している。一八九八年には、学習院と高等師範学校附属中学校との対抗試合が行われた。

門弟たちが各地で果敢に活動するにつれて、柔道は次第に日本中に広まっていった。

柔道の理念

柔道の理念は嘉納治五郎により深化して行く。「精力善用・自他共栄」の理念が公に発表されたのは一九二二年のことであり、柔道が創設されてから四〇年の歳月が流れていた。その間に嘉納治五郎は常に、社会との接点を意識しながら、世界の動向も踏まえて熟慮したと言って良いだろう。嘉納の柔道の理念の深化を辿《たど》るのは、嘉納の思考の傾向を見る上で面白い。

（1）柔の理

柔術について修行を始めたころ、柔術はある柔術と他の柔術とに教え方はもちろん、目的とするところにも相違があることがわかると、それらを貫く根本原理について嘉納は考えた。その結果、柔術は、柔よく剛を制すという柔の理、つまり、相手の力に抵抗せず、これに順応しながら相手を制する理法だと解した。

柔の理の「柔」は柔術の柔であり、中国の三略にある「柔能く剛を制し、弱能く強を制す。柔は徳なり、剛は賊なり。弱は人の助くる所、強は怨の攻むる所」の意味だとされている。この「柔」は老子などの思想にある「柔の徳」に基づくもので、「柔」こそ宇宙の法であり、自然の理法であると説かれている。

嘉納は、柔の理は柔よく剛を制すの意味であるとし、「外国の人々、その理論を聴いて、何時も、世界に類のない巧妙なる修行であるといって嘆賞《たんしょう》するは、全くこの柔の理に基いて勝ちを制するという点にあるのだと思う」と述べている。

熊本で嘉納の柔道を見学したラフカディオ・ハーンが、柔術を「逆らわずして勝つ」と伝えたのはまさにこの内容であった。相手の力が強ければ強いほど、こちらは有利になる。その様子は明治維新後に日本が近代化に成功したことに表れていた。欧米諸国が日本に優《すぐ》れた文明を伝えれば伝えるほど、日本は欧米に屈服《くつぷく》することなく、それを利用して発展していくと予想したのであった。ハーンは柔の理を以って日本の近代化の特徴を書き留めたのであった。

この柔の理、つまり「逆らわずして勝つ」ということを考えてみると、これは日本人の精神性を示しているのではないかと思われる。大陸の文化を拒否することなく受け入れつつも、日本的にそれを咀嚼《そしやく》し、変容させて自身の文化にしてきた例は枚挙《まいきよ》にいとまがない。かな文字もそうであるし、短歌や和歌、そして仏教も日本的に受容して発展させた。大陸の文化を受け入れても大陸的になることはなく、日本はあくまで日本的文化を形成してきたといえる。民族として、「逆らわずして勝つ」という習性があったと言っても過言ではないだろう。

嘉納は、「この柔にして勝つという原理を悟ることが出来たならば、単にこれを投、固、当ての勝負に応用するだけではなく、人事百般のことにも応用して、人生の勝負を決する上に大に裨益を得ることであろう」と述べている。

柔の理を用いることで、体育、知育、徳育を同時に発達させられると考えた。前述した柔道による勝負、体育、修心の目的に明らかである。

（2）柔の理から精力最善活用へ

柔の理については、柔術の主な技はこの原理で説明できたし、柔道もこの理を応用して相手を制する技術を練習したが、実際の攻撃や防御の場面で、柔の理だけでは説明できないものが出てきた。例えば、自分が立っているところを相手が後ろから抱きついてきたとき、柔の理では逃れることができない。相手の力に順応して動くことができず、相手の力に反抗して自分の力を働かさなければならないのである。

そして嘉納は次の結論に達する。あらゆる攻撃防御の場合に、その目的を達するため、精神の力と身体の力とを最も有効に働かすということである。いかなることでもその目的を達成するためには、自身の精神と身体を最も有効に使用しなければならず、この点から精力善用は、世のすべてのことに当てはまる。

心身の力を「精力」とし、善を最も有効に行うという意味で「精力善用」とした。この精力善用は、人間の進歩、発達の大原則であり、柔道の本質であるとした。一九一八年に柔道の修行の三段階（上中下）として次のように説明している。下段の柔道は攻撃防御の方法を練習することであり、中段の柔道は、身体の鍛錬《たんれん》のみならず精神の修養もすることであり、上段の柔道は修行のまとめで、身体と精神の力を最も有効に使用して、世を補益する、つまり社会に応用することである。

つまり、自身のためと世のためとが同時に織りなすように努めるべきで、この考えが自他共栄という理念に発展していったのだ。嘉納は「精力善用・自他共栄」の考えを、渡欧したときに外国人に説明し、その評価を確かめた後に、一九二二年、講道館文化会を設立した際にこれを公表した。これにより、柔道の究極の目的が確立したのであった。柔の理を中心に嘉納が説明したのは、一九〇〇年ころまでであり、その後は「精力善用・自他共栄」の考えを編み出すべく研究し、それから後はこの「精力善用・自他共栄」の考えを広めるべく行動したのであった。

この考えはオリンピックの理念と何ら矛盾しない内容であった。

第三章

留学生受け入れとスポーツ

八〇〇〇人の中国人留学生を受け入れた日中友好の先駆者

嘉納は、近代以降の日本で国費留学生を受け入れた最初の日本人だ。日清戦争終結の翌年、一八九六年より、嘉納は清国（現在の中国）から国費派遣の留学生を受け入れている。そして留学生のための学校、弘文学院（後に宏文学院に改称）を創立した。

嘉納は一八九六年から一九二〇年まで、約八〇〇〇人もの中国人留学生を受け入れて日本語や中等教育全般を施《ほどこ》している。留学生を受け入れた思いについて、嘉納は〈真に善隣の道を尽してこそ、始めてその結果反射して我が国の大利益となるべし〉（嘉納治五郎「清国」『國士』四四号、一九〇二年）と述べている。

一八九六年に初の中国人留学生を受け入れたときから、嘉納はこの考えを基軸にしていた。弘文学院ではスポーツ教育も積極的に組み入れ、運動会を開催している。また運動部（庭球、弓術、遠足）も設置した。柔道にも力を入れ、一九〇三年以降は弘文学院を講道館牛込分場に認定している。弘文学院で柔道の練習を行うことで、講道館柔道の段位を取得できたのであった。

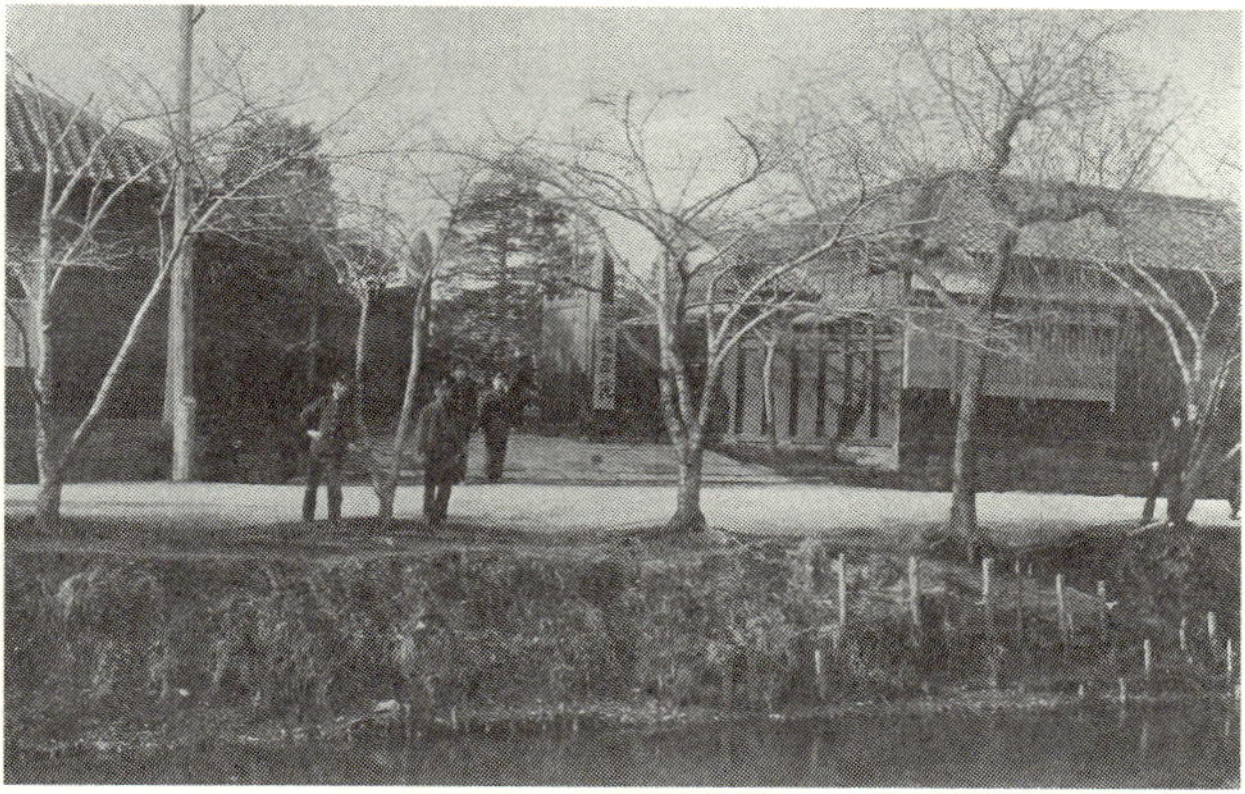

弘文学院

留学生のスポーツ活動

弘文学院を卒業した優秀な留学生は、嘉納が校長を務める東京高等師範学校はじめ、大学に進学した。東京高等師範学校の留学生は日本人学生とともに、様々なスポーツを経験した。一九〇九年の東京高等師範学校の陸上大運動会の報告には、「外国留学生二百ヤード競走」が行われていたことが記されている。そこには、日本人学生が留学生の名前を呼びながら声援を送っているようすが描かれている。

〈これが済むと軽気球は三十二回外国留

学生二百ヤード競走を報じる。場の内外素晴らしい人気である。ズドーンと鳴る。無闇にソンさん、トンさん、ゴンさんなどと野次る。中々疾い。蒋君が一〇米突を抜いて勝った〉(『校友会誌』二〇号、一九〇九年)

また同年五月十一日に行われた水上運動会(ボート)には、清国留学生一八名が出場している。彼らは、学校行事である陸上大運動会と水上運動会に参加していた。一九一〇年には、東京高等師範学校校友会に留学生二九名が入会している。彼らは日本人学生と同じように部活動にも参加した。蹴球(サッカー)部には中国の留学生が参加していた。

一九〇九年一月三十一日に　東京高等師範学校蹴球部大会で清国留学生二二名が紅白戦を行っている。スコアは〇対〇であった。蹴球部大会での留学生同士の試合は、一九〇九年の十一月にも行われた。また、一九一一年一月には、外国人留学生文科対外国人留学生理科の試合が同蹴球部大会で行われている。一九一二年、一九一三年には留学生マッチが行われた。以上のことから、蹴球部には相当数の留学生が在籍していたことがわかる。

宏文学院は一九〇九年に閉学するが、その後も東京高等師範学校には留学生が在籍し、蹴球をはじめとするスポーツに参加していた。やがて留学生たちは、対外試合も行うようになった。最初の対外試合の相手は豊島師範学校で、一九一〇年の六月と十一月に東京高等師範学校のグラウンドで行われた。

六月は留学生チームが一対〇で勝利した。秋は留学生チームが優勢だったが、最終的に豊島師範学校が挽回《ばんかい》して勝利した。留学生チームを応援するために、他校からも多くの留学生が来て賑わったことが記されている。

さらに、一九一三（大正二）年六月には、在留朝鮮学生で結成された太平倶楽部を相手に留学生チームが対戦し、二対〇で留学生チームが勝利した。中国人留学生対朝鮮学生という、日本に住んでいるアジア人学生の国際試合であった。

また、一九一五年一月には、埼玉師範学校との試合で、留学生チームが二対〇で勝利している。留学生チームの交流の範囲が広がっていったことがわかる。

このような留学生たちのスポーツの奮闘に、当時の日本の学生たちは、エールを送っている。一九〇九年の東京高等師範学校の校友会誌にその様子が示されている。

〈この日天気晴朗。風もなく、寒気和やかである。午前七時半、まず第一競技者としてフィールドに現われたのは、我が留学生諸君である。留学の当初には、身体を操縦することが上手くできなかったが、不屈なる精神と熱心なる練習により、大にその効果が表われ、今や日本人と比べて少しも遜色がなくなった。学成り錦を故郷にかざる日、体育界にも貢献する事を希望してやまない〉（『校友会誌』一八号、東京高等師範学校、一九〇九年）

留学生たちが、入学当初はさほどうまくなかったが、徐々に技術をみがいて上達していったことを示している。そして将来帰国して故郷に錦を飾る時、母国の体育・スポーツ界の発展にも寄与してほしいという願望が綴られている。このような日本人学生と留学生たちのうるわしい関係ができたのは、校長である嘉納を中心としたスポーツ活動の成果である。

蹴球部に所属していた留学生たちのその後をたどってみると、中国で教育関係の要職に就いていたり、中国の文部省に就職して教育行政に携わった者や、大学教授になった者もいる。彼らは帰国後に蹴球など、日本で親しんだスポーツを祖国でも継続したに違いない。

このようにスポーツを介して国を超えた青少年の交流を、嘉納はすでに体験済みだった。学校教育の現場で得たスポーツによる交流の成果は、嘉納がオリンピックの理念を理解するのをたやすくしたのだ。

宏文学院と東京高等師範学校で受け入れた留学生は、前述のように約八〇〇〇人を数える。その中には、中国の大文豪・魯迅もいた。中国の国歌を作詞した田漢、毛沢東の師と仰がれる教師・楊昌済《ようしょうさい》、中華民国の文部大臣（教育部長）を務めた范源濂《はんげんれん》も宏文学院、東京高等師範学校で学んでいる。范源濂はのちに中国で北京師範大学を創り、学長を務めた。

一八九六年、最初に嘉納が留学生の世話を頼まれたときは、さぞかし大変なことであったに違いない。しかし嘉納はそれを断ることなく、受け入れ、近代中国の教育の基盤を創る人材群を育てたのだ。そしてそれは結果的に嘉納の理想を国外に発信したといえる。このことは「逆らわずして勝つ」という嘉納の生き方を示している。

牧口常三郎との出会い

宏文学院の教職員は一九〇六年には、教授・講師が八五名、事務職員が三三名いた。多くは東京高等師範学校の教員であったが、東京帝国大学、東洋大学の教授や法制局参事官なども含まれていた。さらに嘉納は、当時実績のある教育者を抜擢して教師として雇っている。その中に、一九〇三年に『人生地理学』を出版して人文地理学の面で注目された牧口常三郎（一八七二～一九四四年）を地理学の教師として一九〇四年から雇用している。これは一般にはあまり知られていないが、実は嘉納治五郎と創価教育学会（現・創価学会）創立者・牧口常三郎との関係は深い。

牧口常三郎は、北海道から上京後、講道館柔道に一九〇一年五月に入門し、柔道を実践した。東京帝国大学の歴史学・地理学の坪井九馬三《くめぞう》を何回か訪ねた際に、柔道を実践している坪井から入門を勧められたものと思われる（『評伝　牧口常三郎』第三文明社、二〇一七年）。牧口は座《ざ》して瞑想《めいそう》にふける学者ではなかった。身体も使いながら、生きた学問を実践していた。

一九〇三年、牧口常三郎は大著『人生地理学』を発刊する。嘉納は牧口が著したこの書に目を通したのだろう。『人生地理学』が出版された翌年、嘉納が牧口を宏文学院の教師に抜擢している。嘉納は牧口の『人生地理学』の内容に共鳴したものと思われる。それは『人生地理学』で著された内容が、嘉納の主張するところと共通しているからだ。

牧口は、その著書の中で、国家間の関係は、軍事的競争、政治的競争、経済的競争を経て、最終的には人道的競争の時代に入らなければならないとし、国家と個人の最終的な目標は人道にあると主張している（『牧口常三郎全集』第二巻、第三文明社、一九九六年）。牧口は「要はその目的を利己主義にのみ置かずして、自己とともに他の生活をも保護し、増進せしめんとするにあり。返言すれば他の為めにし、他を益しつつ自己も益する方法を選ぶにあり」と述べている。そして、「ヘーゲル氏の『国家の目的は道徳にあり』と云い、或はボサンケー氏が『社会及び国家の終局の目的は個人の終局の目的と同一にして最善なる生活を完成するに在り』と云うが如き」ものであると訂正増補版で補足している。（前掲『評伝　牧口常三郎』）。これらを読むと自他の関係について嘉納の主張に極めて近いことがわかる。

　人生地理学を出版した一九〇三年十一月に牧口は茗渓会《めいけいかい》という東京高等師範学校の同窓会組織の書記に就任し、庶務会計や雑誌の編集業務に関わった（一九〇五年十二月までの二年間）。

　一九〇四年二月十日から、牧口は宏文学院で中国人留学生の教師として地理学を教え始めた。牧口から地理学を学んだ中国人留学生は、『人生地理学』を本国にもち帰って中国語に翻訳している（前掲『評伝　牧口常三郎』）。牧口の教育の質の高さがうかがえる。
嘉納治五郎は、たとえ無名であっても、優れた人材に光を当て、人材を発掘する能力に長けていた。それゆえ、わずか一代で多くのことを成し遂げられたのである。人材をいかに育成するか、ネットワークを構築するかは、極めて重要であることがわかる。嘉納治五郎が唱えた「自他共栄」の思想は、牧口常三郎が重視した「自他共の幸福」という共生の思想とも相通じる。「他人の不幸の上に自分の幸福を築かない」という思想をもつ牧口は、嘉納と語り合った瞬間、打てば響くように意気投合したのではないだろうか。

ちなみに、戦後に中国人留学生を最初に受け入れたのは、東京都八王子市にある創価大学だ。創価大学は一九七一年、創価学会の池田大作・第三代会長（当時）によって創立された大学である。一九七五年には、日中友好の考えのもと、中国から初の留学生六人が創価大学に来学した。二〇一八年現在、創価大学に留学した経験のある人たちから、駐日中国大使や駐日ロシア大使が誕生し、日本と相互の親善に貢献している。留学生を受け入れて誠実に対応することは、自分の国を繁栄させることにつながるという嘉納の考えが、こうしたところに継承・実現されている。

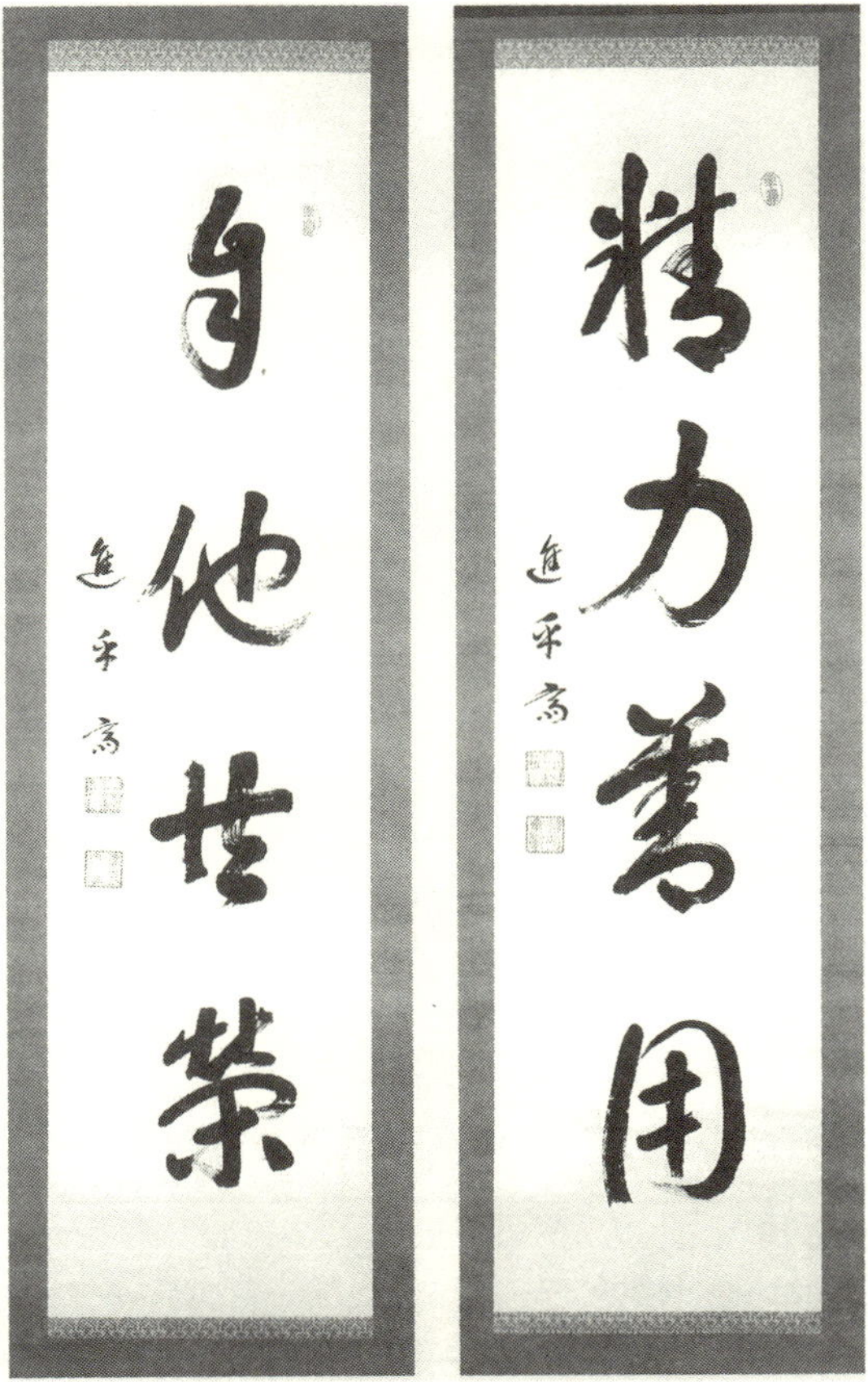

嘉納の自筆による「精力善用」「自他共栄」。
進平斎は当時の嘉納の雅号

第四章

国民体育（生涯スポーツ）の振興

女子教育と師範教育（教員養成）の先駆者

教育への貢献も、嘉納が残した重要な業績だ。

嘉納は一八八二年に学習院の教員になり、第五高等中学校長、第一高等中学校長を経て、高等師範学校長に就任している。高等師範学校（一九〇二年、東京高等師範学校に改称）では、一八九三年から一九二〇年までの長きにわたって校長を務めた。校長退任後も、東京高等師範学校の非常勤講師として毎年講義を行うなど、生涯にわたって教育に関わり続けている。

教育面で嘉納が成した最大の成果は、師範教育（教員養成）の充実だ。高等師範学校は三年課程だったが、嘉納はこれを四年に延ばし、大学と同じ修業年数にしている。また専修科を創設したり、東京と広島の高等師範学校に文理科大学を設置する基礎を創るなど、師範学校を大学と同等の位置まで押し上げた。

嘉納は一八九八年、文部省の普通学務局長も兼任し、各府県への高等女学校の設置を進め、女子教育を拡充した。本書第三章で詳しく述べたように、中国人留学生教育への貢献も大きい。女子教育と留学生教育に身を捧げたことは、当時の時代情勢としては画期的だった。

「誰もが実践できる」「費用がかからない」水泳

一八八二年に講道館柔道を開設した嘉納は、柔道の普及を行いつつ、より広く国民体育を振興することを目指している。国民体育とは、国民一人一人が強健な身体と健康を保ちつつ、充実して生きていくための体育のことだ。

「誰もが実践できる」「費用がかからない」「設備がいらない」「年齢の区別なくできる」という観点から嘉納が提唱した国民体育は、柔道以外には徒歩と水泳であった。

世界的にも珍しい学校での体育教育

高等師範学校長への就任後、一八九六年に嘉納は課外活動としての運動部をまとめる組織「運動会」（後に「校友会」に改編）を結成して、学生のスポーツ活動を奨励している。高等師範学校のすべての生徒には長距離走を走らせ、柔道か剣道のいずれかを履修《りしゅう》させた。夏になると千葉県房総の海岸で宿泊して水泳実習を行っている。

一九一五年には、東京高等師範学校の正課の授業として、三年課程の体操専修科から四年課程の体育科を設置した。文科や理科と並び、体育科を他の教科と同等の地位に押し上げたのである。

〈技術の発達を計るばかりでなく能くその理論を解し、今日の進歩した方法を解得せしめる〉（「嘉納先生育英三十年史」『校友会誌』六七号、一九二〇年）

嘉納は体育指導者の育成に対して、高い理想を掲げていた。単に技術的に長けた指導者ではなく、技術に加えて理論的な知識、そして応用力を備えた指導者の育成を目指し、嘉納は改革を進めた。

体育科の中に柔道のコースを設けているように、嘉納は柔道をきちんと教えられる体育の指導者も養成している。教育学や生理学などの諸科学をベースにした深い識見をもった指導者こそ、嘉納の求めた指導者だった。体育科の設置によって、嘉納は教育現場における教科としての体育の立場を確固たるものにした。

日本では小学校から大学まで体育の授業が行われているが、このような国は世界的に見ると極めて珍しい。また、中学校以上で行われている部活動も日本特有であり、このシステムを広めたのも嘉納治五郎と東京高等師範学校の卒業生たちだった。私たちが当たり前だと思っている今日の学校教育の淵源は、嘉納治五郎にあるのだ。

嘉納治五郎の体育・スポーツ観

嘉納は一九一〇年にまとめた『青年修養訓』の中で、体育・スポーツの価値について次のように記している。

〈・筋骨を発達させ身体を強健にする
・自己および人に対する道徳や品位の向上に資する
・運動の習慣を修学時代以後も継続することで、心身ともに常に若々しく生活できる〉（嘉納治五郎『青年修養訓』同文館、一九一〇年）

筋骨の発達、道徳面や品位の向上、そして生涯にわたってスポーツを行うことを提唱している。今から一〇〇年以上前のものとは思えないほどの斬新《ざんしん》さだ。嘉納は「日本に国民体育（生涯スポーツ）を浸透させよう」と大志を抱いた。

国際的規模の競技大会の意義について、嘉納は一九一七（大正六）年に開催された第三回極東選手権競技会（東京・芝浦）に触れつつ、次のように述べている。

〈日本が極東の諸国と連合して競技会を行うにあたり、運動奨励の点のみならず相互の関係が融和し、親密の情を温めるという結果を得たいと考えて行ったのであるが、今回はよくその目的が達せられてフィリピン並に中国から来た人も、大いに満足され、フィリピン政府は日本の領事を経て外務大臣に謝意を伝えたいという事であり、又代表者からも懇な手紙が来たのである。すべて運動競技はこのように用いねばならない〉（嘉納治五郎「国民の体育に就て」『愛知教育雑誌』三五六号、一九一七年）

選手同士の関係性が融和し、お互いに親密の情を温めることにこそ、スポーツの国際競技大会の価値はあると嘉納は指摘する。

一九一〇年代に嘉納がこのような体育・スポーツ観を抱いていたことには驚く。東京高等師範学校の校長として全学生に体育・スポーツを奨励し、その効果を体得していたからこそだろう。

嘉納は学生のみならず、すべての国民が体育・スポーツを生涯にわたって行なうことが重要だと考えた。それを嘉納は「国民体育」と名づけた。彼の言う「国民体育」とは、国家の兵士を養成するための国粋主義的な戦時下の「国民体育」ではない。今日で言うところの「生涯スポーツ」に匹敵《ひってき》するものだった。

嘉納はどのような国民体育を目指し、そのためにどのような手立てを図《はか》ったのか。嘉納の思想の根底には何があったのか。

持続可能な生涯スポーツの要件

嘉納が考えた国民体育については、『愛知教育雑誌』（一九一七年）に掲載された論文「国民の体育に就て」の中に記されている。

▼なるべく毎日、少なくとも隔日に行うもの

〈なるべく運動というものは、願わくば毎日、少くとも隔日くらいにするようでなければ不適当である。ただ少数の者は保養旁々遊ぶ手段として行うことは良いが、国民体育としては論外としなければならない。テニスのようなものもそれに似ている

という理由で不適当である。と言って私はベースボール排斥論者でもテニス排斥論者でもない。国民体育の立場ではなく、有志者として実践するのであれば、テニス、ベースボール、ボートレース何でもよい〉（嘉納治五郎「国民の体育に就て」『愛知教育雑誌』三五六号、一九一七年）

▼器用、不器用にかかわらず誰でもできる運動
〈国民全体に運動をさせようという事については誰でもできるという事が一つの条件でなければならぬ。器用な者は出来、不器用な者は出来ないというものは不適当である〉

▼費用がかからない
〈費用がかからない、設備がいらないということである〉

▼男女・年齢にかかわりなくできる
〈男女年齢の区別なく、なるべく人によって好き嫌いのないというものでしかも面白くて熱中する事のないものがよい〉

嘉納が考える国民体育とは「毎日行える運動」「費用がかからない」「性別や年齢にかかわりなくできる」、さらには「器用・不器用にかかわらずできる」というものだった。運動の得意不得意にかかわらず、誰でもできる。高齢者でも女性でもできる運動を、嘉納は「国民体育」と考えた。器具や設備が必要なテニスやベースボールといったスポーツは、レジャーとして有志者が行うのは良いが、国民体育の範疇からは外された。

箱根駅伝のルーツは嘉納治五郎にあった

嘉納が考えた「生涯にわたってできる理想的な国民体育」とは、具体的にはどのような運動だったのだろうか。引き続き、嘉納が著した「国民の体育に就て」から見てみたい。

▼歩くこと、駈けること
〈歩くという事は種々な利益が伴う。即ち第一に胃を健全にする。従て人間をして粗

食をしても相当の栄養を摂る事が出来るという結果になる。（略）真に歩くという事は人間を質素に導くものであって又歩こうとして出れば目的地まで行かねば済まぬというので自ら意志の鍛錬にもなる〉

〈金の要らない誰でも出来る設備の要らない原則に基いて考えると駈ける事がよろしかろうと思う。これは女子は男子程には行う事が出来ない。又老人や余り小さい子供は余程制限してやらねばならぬ。だから歩く程には広く行われないけれども、歩く事に次いで行う運動は駈ける事である〉

〈歩くという事については競争の出来ぬ事もないではないが、それよりは駈けるという事について競争をする方がよろしかろう。幸いに日本は神社仏閣名所旧跡など風景の良い所がたくさんあるので、そういう所を選んで歩いたり、駈けたりして、そういう目的地へ行ってそこで種々道徳上為になる話をするとか、地理歴史の事柄を教えたり、或は農業工業商業に就ての知識を授けるというようにし、年齢程度に応じて適当な指導者が監督して実行したら随分有益な事ができるに違いない〉

嘉納が最も重視した国民体育は、長距離を走るか歩くことだった。嘉納は、東京高等師範学校でも長距離走を重視している。年に二回、全学生に約二〇キロを走らせている。東京高等師範学校の卒業生の多くは中学校や師範学校の教師になったため、彼らによって長距離走は各地に広められていく。

嘉納は、単に走るだけでなく、神社・仏閣などの名所旧跡を走ることを提案した。それにより、地理・歴史や農工商業についても同時に学習できるからだ。嘉納は、体育をやることによって智育も徳育も備わると考えた。

智育・徳育を備えた長距離走は、やがて嘉納の弟子たちによって広く実践されていく。これが後述する箱根駅伝（東京箱根間往復大学駅伝競走）へとつながっていく。

長距離走の普及

嘉納は、歩行と長距離走、水泳が日本人に適したスポーツだと考えた。彼の教え子である金栗四三や野口源三郎らが、大日本体育協会の仕事を通じて嘉納の構想を推進した。長距離走の普及は、次のように進んでいく。

高等師範学校では、一八九八年に第一回健脚競争がお茶の水から池上本門寺まで、一九〇一年に第二回長距離競走が埼玉県の大宮氷川公園までの距離で行われた。一九〇四年以降は、従来の秋の遠足会を徒歩競走に改め、一九〇八年には春の遠足会も徒歩競走に改めている。

以後春と秋に、多摩川や大宮などへの長距離走が定着した。これには基本的に全校生徒が参加した。卒業生の多くはこうした学校行事を赴任先でも伝えたため、長距離競走は多くの中学校や師範学校で実施されるようになる。

オリンピックのマラソンに三回出場した東京高等師範学校出身の金栗四三（一八九一〜一九八三年）の存在は、あまりにも大きかった。一九一一年のオリンピック予選の結果、一九一二年、金栗四三は東京帝国大学の三島弥彦とともに、日本初のオリンピック代表選手としてストックホルム・オリンピックに出場する。

金栗四三はその後も世界記録を樹立し、日本代表選手として一九二〇年、一九二四年のオリンピックにも参加した。

金栗は「マラソンの父」と呼ばれ、全国的なスーパースターとなる。彼は競技者として高地トレーニングを開発するのみならず、マラソンの全国的な普及にも尽力した。金栗四三は嘉納治五郎の弟子として、オリンピック・ムーブメントの立役者となっていくのだ（第八章の「金栗四三　長距離走の普及」で詳しく述べる）。

第五章

ＩＯＣ委員就任とオリンピックへの参加

IOC委員への就任

日本がオリンピック・ムーブメントに関わるようになったのは、嘉納治五郎が一九〇九年に日本人初のIOC委員に就任してからだ。

一九〇八年十月、IOC会長のピエール・ド・クーベルタンがオーギュスト・ジェラール駐日フランス大使宛に、日本を代表する人物で、IOC委員に相応《ふさわ》しい人を推薦してもらいたいという依頼が届いたのがきっかけであった。

当時のIOCは、一九〇六年にギリシャで開催された中間オリンピックが成功したことを受けて、中間オリンピックに強く反対していたクーベルタンは、IOC委員からの信頼を失いかけていた。そのような状況で、クーベルタンは新たなIOC委員、それも彼の考えを理解してくれる委員を求めたのではないかと考えられる。クーベルタンの依頼に応えるべく、ジェラールは親しくしていたロシア公使、本野一郎の意見をもとに、嘉納治五郎がふさわしいと考え、彼に面会を求めた。翌一九〇九年一月十六日にジェラールは嘉納と会見した。その三日後にジェラールはクーベルタンに手紙を出し、嘉納がIOC委員への就任を快諾してくれたことを報告している。

その書簡によれば、嘉納治五郎は講道館柔道を創設し、水泳や体育の普及にも貢献した人物であること、また正確な英語を話すことが記されている。さらには、嘉納はＩＯＣの考えを日本国内に広めるとともに、日本のスポーツの報告書をＩＯＣ会長に送るということも記されていた。

この日本のスポーツを紹介するという点はいかにも嘉納らしい。単にヨーロッパのスポーツ文化を受け入れるのではなく、日本にもスポーツがあり、それをＩＯＣ会長に送って紹介するという姿勢である。

一方、ジェラールとの会談で、ＩＯＣ委員への就任を受け入れた理由として、嘉納は〈古代オリンピックがギリシャ民族の精神性を築いたように、世界各国民の思想感情を融和し、世界の文明と平和を助くる〉〈勝敗を超越して、相互に交流を深めて、相互の親善関係を深める〉と述べている（嘉納治五郎「国際オリンピック大会選手予選会趣意書」一九一一年）。

人格がスポーツによって磨かれ、お互いの良好な関係を生み出すことを、嘉納は自身の実践を通してすでに確信していた。中国からの留学生を受け入れ、彼らに柔道やサッカーを含めた体育・スポーツを指導し実践させたこと、そして彼らが日本人学生と交流を深めたことを確認していたので、オリンピックの考えは、夢想ではない、達成できると考えたのだ（第三章で詳述）。この点が、迷うことなく、嘉納がオリンピック・ムーブメントへの参入を決めた理由であった。嘉納のＩＯＣ委員への就任は、一九〇九年五月のＩＯＣ総会で決議された。

その後ＩＯＣは、一九一二年にストックホルムで開催されるオリンピック競技大会に参加するよう勧めた。嘉納は日本の参加を決意し、選手を派遣する母体、つまりオリンピック委員会の機能を持つスポーツ団体の設立を検討する。はじめに文部省や日本体育会に相談したが、理解を得られず断られてしまう。そこで新たな組織を作ろうと、嘉納は東京帝国大学、早稲田大学、慶應義塾大学、東京高等師範学校などの関係者を集めて、審議した。まずは日本の体育・スポーツの発展のための方策を議論し、東京から徐々に地方の学校へ体育を広めていくビジョンを掲げる。次に、ストックホルムでの第五回オリンピック競技大会への参加について話し合った。

いきなりオリンピックへの参加をもちかけたとしても、他の者は何のことやら話がよく理解できず、議論は進まなかっただろう。この議事進行に、嘉納の用意周到ぶりがうかがえる。

嘉納は東京高等師範学校の永井道明に資料を用意させ、古代オリンピックの概要を説明させた。さらに「近代オリンピックとは、スポーツを通じて世界の平和に貢献しようとするものである」ということを永井は述べている。その後嘉納の意見に従い、一同は一九一二年の第五回オリンピック競技大会に日本代表選手を派遣することを決めた（大日本体育協会『大日本体育協会史　上』一九三六年）。

そして一九一一年七月に国民体育の普及とオリンピックへの参加を担う組織として、大日本体育協会を設立したのであった。その事務所は東京高等師範学校の校長室に、一九二〇年に嘉納が校長を辞するまで置かれた。

〈日本では殊更に別にオリムピツク会を設けるよりも、体育協会を同時に国際オリムピツク大会に対して日本のオリムピツク会とするが便利であると思つたので、体育協会をこの二重の意味を持つて居る会となし、明治四十四年の秋大日本体育協会が主催して国際オリムピツク大会へ選手を派遣する目的を以て予選会を開いた〉（嘉納治五郎「大日本体育協会の事業に就いて」『柔道』一巻一号、一九一五年）

ＩＯＣの要請のままにオリンピック委員会を創るのではなく、大日本体育協会を設立したのは、オリンピック競技大会に参加するとともに、国民体育を振興させたかったからである。国民レベルで体育・スポーツを奨励し、普及させることこそ、オリンピック・ムーブメントの要《かなめ》と考えた。協会の行う大会として、夏季に水上大会、秋季に陸上大会をあげ、陸上大会では歩行、競走、跳躍、水上大会では遊泳をあげている。これらは日本人に馴染み深い運動であったし、嘉納の考えた国民体育の枢要《すうよう》な種目であった。

その上で、優秀な選手をオリンピックに輩出することも重要だと嘉納は考えていた。ドイツなどの例をあげて「国民全体の体育奨励のためには、優秀な選手が出なければならない」と嘉納は主張している。

オリンピックへの初参加

大日本体育協会により、日本からオリンピック選手が輩出された。一九一二年の第五回オリンピック（ストックホルム大会）には、マラソンの金栗四三と三島弥彦が、初の日本代表選手として選ばれた。

金栗は一九一一年十一月、羽田運動場で行われた「国際オリンピック大会選手予選会」で世界最高記録を樹立し、活躍が期待されていたが、問題はストックホルムまでの旅費だった。この点を解決したのは「金栗四三選手後援会」の結成だ。後援会は東

ストックホルム・オリンピックの開会式。
左側の帽子を手にした男性が嘉納

京高等師範学校の教職員、卒業生、在校生、その他有志で構成され、寄付金を募《つの》ったところ多くの者が賛同した。

校友会賛助会員の可児徳は〈この挙は我邦が世界の運動界に仲間入りをした、第一歩であるとして大いに喜んでよい。のみならず、その成績にかかわらず、この挙が我邦今後の体育に大きな影響を与えることを特に喜びたい〉と祝辞を送っている。

東京高等師範学校校長として嘉納治五郎は〈君の最善を尽せよ、最善を尽したる上の勝敗は男子の本懐なり〉〈身体、元気、気品の三者をもってせよ〉と激励した（『校友会誌』三三号、東京高等師範学校、一九一二年）。オリンピックで勝利することだけでなく、選手が競技大会に臨む姿勢も、嘉納が重視していたことがうかがえる。

後援会に寄せられた寄付金は総額で二〇〇〇円を超え、ストックホルムへの旅費、滞在費、練習費、食事代、ユニフォーム代などに充てられた。

東京高等師範学校は嘉納校長のもと、経済的な面での面倒を見た上で、初の日本代表選手をオリンピックに送り出した。嘉納治五郎によって、日本初のオリンピック参加への道が開かれたのである。

こうして第五回オリンピック競技大会に金栗と三島弥彦の二名が出場したが、三島は短距離走で予選敗退、金栗はマラソンの途中で倒れてしまうという散々な結果であった（金栗のオリンピックでの活躍とその後については第八章に詳述）。

しかしながら嘉納は、準備不足であったことを認めながらも、国際舞台に第一歩を印したとして、次の手を打った。それは、国内における大日本体育協会主催の陸上大会と水上大会の開催である。第一回の陸上大会は、一九一三年に陸軍戸山学校で開催された。開催に当たり、嘉納は次のような趣意書を出している。

〈拝啓　本会の事業は内にわが国民体育の発達を図り外は国際オリンピック大会に参

加する準備を致すことにこれあり。昨年ストックホルムにおける大会には始めて参加を試み候も何分経験無きこともあり、加うるに準備も整わず遺憾ながら好成績を挙ぐるに至らざりしが、来る大正五年はベルリンにおいてオリンピック大会これあることに候えば、わが国民体育奨励のためはもちろん、これに対して今日より十分その準備をなし、着々実行致さざるべからざる事に候。よって別紙の通り来る十一月一、二日の両日陸上大会を開催することに決定致し候、ついてはこの際貴校においても本会へ御加入あいなり、今回の陸上大会にはなるべく多数の参加者を出されるよう切望の至りに候　敬具〉（財団法人日本体育協会『日本体育協会七十五年史』財団法人日本体育協会、一九八六年）

ここでも「国民体育の奨励」と「オリンピックへの準備」が並立されている。

この大会には東京帝国大学、東京高等師範学校、早稲田大学、慶應義塾、明治大学など二八校のほか、一般の人々も含めて三六〇名以上が参加した。学生だけではなく、一般の人々が参加することによって、国民体育の振興を目指したのだ。

第五回大会（一九一七年）と第七回大会（一九一九年）は西宮の鳴尾競技場で開催するなど、全国的な普及も目指している。大日本体育協会主催の陸上大会は、一九二三年の第一一回大会まで続けられた。一九二五年以降は、新たに発足した全日本陸上競技連盟の主催で開催されている。

第一回水上大会は、一九一四年に東京・大森にある東京瓦斯構内の掘り割（塩水）で行われた。一九一八年の第四回大会は、西宮の鳴尾競技場内のタンクで実施された。一九二四年、芝公園プールで行われた第九回大会が、大日本体育協会主催の水上大会としては最後の大会となった。それ以後は、大日本水上競技連盟が主催している。

これらの大会は、オリンピック選手の予選会を兼ねて行われた。「国民体育を振興するためには、競争を取り入れたほうが人々が興味をもち、普及しやすい」と嘉納は考えた。

嘉納は欧米の体育・スポーツの実状を見て回った結果、「国民体育の振興とオリンピック選手の育成は日本にとって必要だ」という確信を得ていたからだ。

〈瑞典（スウェーデン）の大会においては、何分始めての事ではあるし二人の選手は満足なる成績を表わす事が出来なかった。しかし実際の状況を見て得る所少なからず。予もまた引続き欧米諸国を巡回して彼の国々の体育の状況を親しく視察する事が出来て、いよいよ最初立てた方針を実行するのが適当であるという考えをますます固くした。

帰朝の後体育協会の規則を改正し従来の運動の種類の外に投擲《とうてき》の一種を加え、大正二年の秋第一回の陸上大会を陸軍戸山学校構内に催し、越えて本年（一九一四年）八月大森瓦斯会社の構内で第一回水上大会を行い、同じく十一月二十二、二十三日両日第二回陸上大会を陸軍戸山学校構内で挙行した。この後ますます事業を拡張し、柔道の事業と相待つて国民体力増進の有力なる機関としようと思うのである〉（嘉納治五郎「大日本体育協会の事業に就いて」『柔道』一巻一号、一九一五年）

嘉納にとって、団長として最初に出たオリンピックは惨敗したといえる。しかしながら彼はそのように捉えなかった。大会後に各国を回り、欧米の体育・スポーツの状況を見つつ、日本でのその後の展開を周到に考え、実践した。そうすることで敗北したことが敗北ではなくなる。つまり「逆らわずして勝つ」ということになったのだ。

第六章

関東大震災とスポーツによる復興

危機をチャンスに変える
嘉納治五郎の震災復興

一九一二年に日本がオリンピックに初参加して以降、大日本体育協会では、国内の陸上大会と水上大会を開催し、競技力の向上に努めた。一九一六年は第一次世界大戦で中止になったが、一九二〇年のアントワープでのオリンピックでは、陸上競技のほか、競泳とテニスなど一五名の選手が参加し、テニスでシングルスとダブルスで銀メダルを獲得した。日本人による初のメダル獲得となった。このアントワープ大会は、開会式でオリンピック旗が初めて競技場に掲げられ、また選手による宣誓が始められた大会である。初のメダル獲得で、オリンピックに対する関心が国内で高まったが、その前途に暗雲が立ちはだかる。それは、一九二三年に起きた関東大震災である。

一九二三年九月一日、午前十一時五八分、神奈川県相模湾北部を震源とするマグニチュード七・九の大震災が起こった。ちょうど昼時だったため、各家庭では火を使って昼食の準備をしていた。震災直後からあちこちで火災が発生し、東京市と横浜市の死者・行方不明者は一〇万五〇〇〇人にも達した。被害総額は、当時の国家予算の一年四カ月分にものぼった。

震災当日、嘉納治五郎は樺太《からふと》に出張中だった。柔道や講道館文化会のための活動の最中だったが、急いで帰京した。講道館では、道場をすぐさま解放して被災者を収容している。講道館門弟の中では富田常次郎（東京高等師範学校の柔道教師）が自宅の倒壊により下敷きになったものの、自力で瓦礫から脱出して事なきをえた。

この惨事に対し、大日本体育協会は、九月三十日に帝国ホテルで理事会、常務委員会を開き、嘉納名誉会長を座長として次のことを話し合い、決議している。

〈一、全日本選手権競技会開催の件

大震災後復興に全力を尽くすべき時に国民の士気を鼓舞するため、最も質素に東京において十一月中に選手権大会を開く。

二、国際オリンピック大会に代表選手を派遣すること。

明年の夏、パリにて第八回国際オリンピック大会が開催されるについて、万難を排して特に優秀なる競技者及び指導者を選考して派遣すること。この決定に従って今秋第一次予選競技会を行い、明春四月中旬第二次予選会を東京にて開催すること。

三、本会を財団法人組織となすこと。
三井、三菱及び岸会長等の出資を基本として財団法人を組織すること。
四、雑誌は休刊、年度発行を見合わせること。
本会機関雑誌「アスレチックス」は本年度内は休刊とし明年一月より発刊すること、年鑑は発行を見合わせること。
五、新東京に計画中の公園内に競技場設置を建議すること。
復興事業中に運動競技の諸設備を加えること並びに右に関して本会より推薦する役員を計画委員に加えることを建議する。
六、本会事務所を当分、芝区伊皿子町七十番地　岸会長邸に移すこと〉（日本体育協会編『日本体育協会五十年史』一九六三年）

一、二、五が、スポーツによる復興に関する内容だ。これに基づいて翌十月一日、「第八回国際オリムピック大会参加」の宣言文を大日本体育協会は発表する。
そこには「翌年七月にパリオリンピックに選手を送る計画はすでに一般に知られているところであり、大震災によってこの計画を放棄するのは遺憾だ」「スポーツ界の将来の発展のため、特に優秀な選手と指導者に限って派遣したい」と書かれている

（日本体育協会編『日本体育協会五十年史』一九六三年）。

当時の新聞には「運動界も捲土重来、来月全日本選手権大会　明年のパリ国際大会にも選手を送るに決定」と題して、次のように書かれている。

〈大日本体育協会は三〇日午後四時から帝国ホテル内で会長、理事、常務委員が参集し、今年度の運動界並に来年七月パリで開かれる世界オリンピック大会に我国選手派遣について次の様な発表をした。今回の帝都の大震災により、今秋の運動競技会が頓挫することは我が国の将来のために遺憾なことであるので、十一月中に全日本選手権大会を駒場トラックで開催することに決まった。また、同会は兼ねて明年七月パリに開かれる国際オリンピック大会に選手を送る計画のあったことは一般の知るところだが、この震災のために全ての計画を放擲するは極めて遺憾なことであるとし、この際海外に日本国民の元気と復興の意気を示すためにも派遣した方がよいとのことで、小規模ながら優秀な選手と指導者とを送ることに決定し、十一月に開催される全日本選手権大会を東京の第一次予選とし、明年四月中旬に第二次予選を行って、派遣を決定する予定である。その他復興事業中に運動競技の諸設備を加え復興委員中に同会役員を参与させる件等を決定した〉（一九二三年十月二日付「読売新聞」）

「それまで積み上げてきたスポーツ界の進歩を止めるべきではない」「海外に日本国民の復興の意気を示す」という観点から、震災直後のオリンピックへの選手派遣は決定された。スポーツの継続的発展、それによる社会の復興という観念が、当時から存在していたのだ。

さて、嘉納の主導で大日本体育協会が発表したこれらの提案は、果たしてそのまま実行されたのだろうか。結論から言うと、すべて実行されたのである。これら三つの提案がどのように実行されたのか、具体的に追っていこう。

全日本選手権陸上競技大会の開催

当初、全日本選手権競技大会は一九二三年九月に東京で実施する予定だった。関東大震災の発生により、大会開催は不可能となった。嘉納は〈復興に全力尽くすべく、国民の士気を鼓舞するため、最も質素に東京において十一月中に選手権大会を開く〉ことを決定する。

そして震災直後の十一月、第一一回全日本選手権陸上競技大会がオリンピック一次予選会として開始された。大会の概要は次の通りだ。

▼第一一回全日本選手権陸上競技大会
▼期日：一九二三年十一月十、十一日（震災二カ月後）
▼会場：駒場トラックにて二〇〇余名が出場
▼種目：一〇〇メートル走、二〇〇メートル走、四〇〇メートル走、一五〇〇メートル走、五〇〇〇メートル走、一万メートル走、マラソン、一万メートル競歩、低ハードル、ハイハードル、四〇〇メートルリレー、一六〇〇メートルリレー、走幅跳、走高跳、棒高跳、ホップ・ステップ・ジャンプ、円盤投、砲丸投、ハンマー投、五種競技、十種競技

これらのうち、二〇〇メートル走、四〇〇メートル走、マラソン、低ハードル、一六〇〇メートルリレー、円盤投などの種目で日本新記録が樹立されるなど、大会は盛況を呈した。

この陸上競技大会について、当時の新聞には次のように書かれている。

〈国際的晴れの舞台に出陣しようと意気込む全国から集まった二百余名の猛者の緊張振りは大したものであるが、応援者も負けず劣らずトラックの周囲を埋める〉〈前日の雨が晴れて絶好の秋日和日曜日と来て居るから駒場のトラックは大盛況を極めた〉（一九二三年十一月十一日付「読売新聞」）

新記録が多く出たことを称え、競技者のみならず、観客も応援に精を出した様子が新聞報道に描かれている。こうして、大会は成功裡に終わった。大会の優勝者には、嘉納賞杯（一六〇〇メートルリレー）やイギリス皇太子賞杯（四〇〇メートル）が贈られ、五種競技の優勝者には内務大臣の後藤新平がトロフィーを贈っている。

後述するように、後藤新平は復興局総裁として、関東大震災の復興に力を注《そそ》いだ重要人物だ。後藤は競技会の開催に、復興への思いを託したに違いない。

五種競技の優勝者は、上田精一という東京高等師範学校の学生だった。彼は翌年のパリオリンピックに出場している。イギリス皇太子賞杯を受けた納戸徳重も東京高等師範学校出身であり、四〇〇メートルで極東新記録を出した。彼も同様にパリオリンピックに出場している。関東大震災によって破壊された東京から、若者がスポーツによって立ち上がっていった。

関東大震災直後のパリオリンピックに出場

大日本体育協会の主張通り、一九二四年の第八回オリンピック競技大会（パリ大会）に日本選手が派遣された。この大会では、次の選手が活躍して入賞を果たしている。

▼内藤克俊　レスリング・フリー　三位
▼競泳八〇〇メートルリレー　日本チーム　四位
▼高石勝男　水泳一〇〇メートル自由形　五位、一五〇〇メートル自由形　五位
▼斎藤巍洋　水泳一〇〇メートル背泳ぎ　六位
▼織田幹雄　三段跳　六位

レスリングで銅メダルを獲得したほか、欧米で人気が高く、大日本体育協会が力を入れてきた水泳と陸上競技で入賞できたことは、日本にとって大きな収穫であった。

特に織田幹雄をはじめ、その後の跳躍陣の活躍に弾《はず》みがついた。

この経験は、一九二八年の第九回オリンピック（アムステルダム大会）で花開いている。織田は三段跳で見事、日本人初となる金メダルを獲得した。鶴田義行も、水泳二〇〇メートル平泳ぎで金メダルを獲得している。人見絹枝は、陸上八〇〇メートルで日本人女性初となる銀メダルを獲得した。

一九三二年の第一〇回オリンピック競技大会（ロサンゼルス大会）では、水泳五種目で金メダル、陸上の三段跳びで南部忠平が金メダル、馬術で西竹一が金メダルを獲得した。この流れは一九三六年の第一一回オリンピック競技大会（ベルリン大会）にも引き継がれていった。

ベルリン大会では、水泳四種目で金メダル、三段跳で金メダル（田島直人）、マラソンでも金メダルを獲得した。銀メダルは棒高跳をはじめ四個、銅メダルは一〇個と健闘した。こうした日本選手の活躍は、一九四〇年大会の東京招致にも大きく貢献した。一躍日本は、スポーツ先進国の仲間入りを果たしたのだ。

もしも一九二四年のオリンピックに出場していなければ、日本選手の国際的な活動にブランクが生じ、世界での活躍はもっと先のことになっていたに違いない。織田幹雄は著書の中で「パリ大会に出場したことで、次のオリンピックは三段跳びに絞れば表彰台を狙える」と述べている（織田幹雄『わが陸上人生』日本図書センター、一九九七年）。

パリ大会への出場は、日本選手の国際競技力向上に大きな意味をもっていた。関東大震災後、嘉納が中心となって大日本体育協会が決めたパリ大会への選手派遣は、日本のその後のスポーツ界の国際的な発展に大いに寄与したのだ。

関東大震災直後の三大スポーツ公園の造営

関東大震災の直後、前・東京市長だった後藤新平は帝都復興院総裁（後に復興局総裁）として、広範な復興計画を立てている。後藤が見積もった予算は大幅に縮減されたものの、計画に沿って大小の公園が新設されることになった。

最終的な東京復興公園計画は、次のようなものだ。

〈常時ニ在リテハ衛生、休養、慰安ノ機関トシテ非常時ニ在リテハ防火、避難、救護ノ要所トシテ都市ニ於ケル公園ノ配置及ビ面積ノ適否ハ都市計画上ノ重要事項ナリ〉（日本公園百年史刊行会編『日本公園百年史』第一法規出版、一九七八年）

この計画は一九二四年十二月の臨時議会で承認され、浜町公園や隅田公園、錦糸公園が造成されることになった。併せて、東京市に五二の小公園が造成されることが決まっている。公園建設に携わったのは、復興局公園課長の折下吉延（一八八一〜一九六六年）と東京市公園課長の井下清（一八八四〜一九七三年）だ。

東京市で作られた五二の小公園について、井下は次のように述べている。

〈学校公園なる名称は便宜上の略称であって、小学校隣接小公園と云うべきものである。（略）学校より見ればこの公園は校庭の延長となり、運動場教材園の拡張とする。公園よりすれば学校構内地を直接に利用することは出来ぬが、その隣に広い空地があり不燃質の大建築物が建てられている事は空気の清澄、日射の充分なることと共に非常時に際して保安地としての機能を増大するのみならず、学校の一部を一般に公開するときには公園と共に慰安教育の方面的センターをなし、民衆教育に休養慰安に社会事業の宣伝に利用する事が出来る〉（前島康彦『井下清先生業績録』井下清先生記念事業委員会、一九七四年）

東京市に設けられた五二の小公園は、近隣住民用の公園機能をもつ。また隣接する小学校校庭の延長として、時には児童の運動場や遊び場となった。あるいは教材園として使うことも考慮して設計されている。

「小学校に隣接した公園」という計画の立て方が、そもそも極めて日本的な発想だといえよう。公園造成によって、狭かった小学校の運動場を補完する機能が加えられたのだ。これは公園計画の新機軸を開いた試みだった。

三大公園（隅田、錦糸、浜町）は、ヨーロッパで都市計画や公園事業について学んだ経験があり、復興局建築部公園課長を務めていた折下吉延の指揮のもとで造られた。折下は明治神宮造営局技師を務めた経歴があり、外苑の運動施設の建設にも関わっている。そのときの経験が活かされた。

三大公園に共通の特徴は、従来の公園には見られなかった大規模運動施設（プール、陸上競技場、野球場、テニスコートなど）を設けたことだ。芝生地を多く取り、近隣住民はもちろんのこと、全市民も利用できるレクリエーション中心の公園になった。また遊具をたくさん設置し、児童公園としても充実させた。

なかでも、隅田公園は大規模なウォーターフロント（海・川・湖などに面する水辺の立地）を実現した日本初の公園だ。この公園は、平時にはレジャーとして、緊急時には避難場として使用できるようにした。面積は五万二七〇〇坪（約一七万四二〇〇平方メートル）と、全国の公園の中でも最大だ。完成は一九三一年だった。

公園内にはボートレースの観覧席を設け、プールやテニスコート、児童公園が設置された。また、隅田川の土手を改築して並木通りにし、アスファルトの遊歩道を設けている。排水設備を整備し、給水所も設置した。桜や柳なども植樹している。

一九二四年より明治神宮外苑で明治神宮競技大会（一九二六年より明治神宮体育大会）が始まってから、外苑は陸上競技の中心地になってきた。それに対して隅田川は、明治以降ボートレース場として有名な場所だ。そこで明治神宮外苑とは対照的に、隅田公園を水上競技の中心にする計画が次のように進められた。

まず東京帝国大学と東京商科大学と交渉し、隅田公園内にあった艇庫の位置を第一高等学校艇庫の隣接に移動して、壮大な艇庫を造り上げた（佐伯操次編『東京の公園』東京都建設局公園部、一九六三年）。

また観覧席を使用できるようにするとともに、並木通りの河岸沿いに二間（約三・六メートル）の広い遊歩道を設けている。艇庫後方の広場にはテニスコート二面を設け、一般市民に使用してもらうとともに、ボート選手の補強運動にも供している。

浅草側には、縦五〇メートル、横三五メートル、水深一・二～五メートルの水泳場を設けた。更衣室のほか、高さ一二・五メートルの固定飛びこみ台、さらに高低を変えられるスプリングボード二台を設置している。夜間でも泳げるように、照明として五〇〇ワットの灯器一九個、プールサイドには三〇〇ワットの灯器一二基も設置された。

また陸上競技場も築造され、付近の小学校の春秋の運動会場に使用されている。一般市民にも開放され、スポーツに参加する機会が増えた。三二〇〇坪（約一万五八〇〇平方メートル）の陸上競技場には一周三〇〇メートル、直線コース一五〇メートルの走路を設け、周囲には芝生のスタンドを設けている。メインスタンドの中央には、観覧席兼休憩所となる建物が建てられた。

児童公園は本所側と浅草側それぞれに一カ所設けられ、一四種の運動器具が置かれている（同前書）。

すでに大震災前から、嘉納治五郎の提案によって明治神宮外苑競技場の建設が進められていた。外苑競技場を陸上スポーツのシンボルとし、復興三大公園と併せてスポーツの振興を図ろうとしたのだ。

復興三大公園のうち、最も早く完成したのは錦糸公園だった。錦糸公園は一九二八年七月十八日に開園し、同年十二月に復興局から東京市に移管されている。東京市施行の小公園で最も早く開園したのは、一九二六年八月開園の月島第二公園、最後に開園したのは一九三一年四月開園の蛎殻町《かきがらちよう》公園ほか六公園だ。東京復興五五公園の事業がすべて終了したのは、一九三一年度だった（同前書）。

これらの公園は従来の公園とは異なり、下町の人口密集地域に設置され、運動施設や競技場を設けたことが大きな特徴だ。つまりこれらの公園は、東京市の老若男女すべての住民を対象として造られたスポーツ公園だったのである。

明治神宮外苑に造られたスポーツ施設

三大公園の先駆的なモデルは、明治神宮外苑だ。

〈明治神宮内苑六六万平方米有余の広大な苑地は、神域にふさわしい緑溢れる林地と清雅にして広闊な神苑林泉を相い交えた荘重きわまるもので、もっぱら日本風造庭を基調としながらも新時代を表徴するがごとき洋風の大胆なカーブ地割と起伏の妙を見せている。それに対して外苑五七万平方米余の地域は、明朗開闊で市民がゆったりと逍遥するのによく、しかも雄大な各種スポーツ施設ともマッチし、恐らくは

本邦最初の大レクレーション・センターと称してよい〉（同前書）

明治神宮外苑に競技施設を設けることを提案した人物は、ほかならぬ嘉納治五郎だった。嘉納の提案について、明治神宮奉賛会の史料には次のように書かれている。

〈明治神宮奉賛会においても運動競技について講究する所あり。国際オリムピック競技会等の開催とともに世間の運動勃興し、大日本体育協会会長嘉納治五郎等は阪谷理事長に説くに競技場建設の議を以てし、奉賛会之を賛同して、之が建設を決定せり〉（『明治神宮外苑志』明治神宮奉賛会、一九三七年）

嘉納治五郎の提案を受け、明治神宮奉賛会が競技施設建設を決定し、野口源三郎や可児徳ら嘉納の弟子たちが具体的な立案に関わった。

明治神宮外苑は一九一七年十月、明治神宮造営局外苑課によって着工された。主任技師を務めた折下吉延は、明治神宮外苑建設の手法を用いて三大公園を手がけた。

一九二六年に明治神宮外苑の工事は終わり、一九二四年から明治神宮競技大会がスタートしている。全国のスポーツ愛好者は、この大会を国内最高峰の大会として目指すようになった。スポーツ公園事業は、嘉納治五郎の提唱と折下吉延によってこうして完成された。

大正期に入ると日本の公共公園は、洋風造園とともに運動施設の配置を考えて造られるようになる。

〈内外苑の造園は、わが国造園史に一時代を画したものであることは当然であるが、とくに外苑の設計によって示された洋風造園の手法のもたらした影響はきわめて大きかった。この一大事業の経験と成果とが、大正末年より昭和初年にかけての帝都復興公園の設計施工にあますところなく活用されたことはいうまでもない〉(『日本公園百年史』同前書)

嘉納治五郎の提案により造営された明治神宮外苑競技場、および三大公園は、都市の安全性を高めただけではなく、一般市民のスポーツへの参加を促したのであった。同時に明治神宮外苑競技場で行われた大会は、国内の最高峰の大会としての機能を持ち、オリンピックなど国際大会への登竜門になっていく。嘉納治五郎こそがオリンピック選手の派遣と国民体育の振興という両者を矛盾することなく発展していく手法を編み出したのだ。関東大震災という未曾有の災害に対して、まさに、「逆らわずして勝つ」、という嘉納の実践そのものであった。

関東大震災を復興した復興院総裁・後藤新平

実は、東京の復興を手がけた後藤新平は嘉納が掲げた講道館柔道の理念を理解し、その活動を支持していた。関東大震災の前年にあたる一九二二年、嘉納は講道館文化会を設立して「精力善用・自他共栄」という考えを世間に発表している。「精力善用・自他共栄」とは「目的達成のために心身の力を最も有効に使用すること、個人においても国家においても、他者に尽くすことによって信頼を得て、結果的に自己も自国も発展する」という理念だ。この考えは、日本が孤立しつつある国際情勢の中では異質なものだった。

「精力善用・自他共栄」こそ、講道館柔道の文化的精神とした。併せて、世界各地の人種的偏見を取り去り、文化の向上を図り、人類の共栄を図る。そのことを、戦前の段階から嘉納は運動目標として掲げた。

講道館文化会創立式は、一九二二年四月に築地精養軒で開催されている。高橋是清総理大臣、内務大臣、文部大臣に次いで、東京市長・後藤新平が代理を立てて祝辞を述べた（嘉納先生伝記編纂会編『嘉納治五郎』講道館、一九六四年）。この内容からも嘉納の考えを、後藤新平がよく理解していたことがうかがえる。

嘉納は「講道館文化会の活動が国家の運命を決する鍵を握っている」と考え、国内をはじめ、中国（満州）、朝鮮にまで精力的に足を運んで文化会の支部を結成していった。こうした活動により、講道館は財政的に窮地《きゅうち》に陥る。

窮状を乗り切るため、一九二六年二月に嘉納は講道館後援会をつくり、広く寄付を求めた。講道館後援会の設立趣意書の発起人には、田中義一や渋沢栄一らとともに後藤新平が名を連ね、さらに後援会の評議員にも就任している。後藤は嘉納にとっての深い理解者だった。

前述のように、折下吉延は明治神宮造営局の技師であり、明治神宮外苑に運動施設を設置する仕事に関わっている。折下は、明治神宮外苑を参考にして復興三大公園を造園した。公園内に競技施設を造るという嘉納の構想を、彼は公園造営に盛りこんでいる。

明治神宮外苑、隅田公園をはじめとする三大公園によって、国民スポーツ普及と国際競技力の向上へ向けてのスポーツの拠点が確立された。関東大震災翌年の一九二四年には、明治神宮外苑で第一回明治神宮競技大会が挙行されている。その数年後、三段跳や棒高跳、水泳で日本が世界トップの座を占めるに至った。スポーツ界の国際的活躍は、復興のシンボルとして人々に受け止められたことだろう。

嘉納治五郎と関東大震災

嘉納治五郎の震災復興の理念とは、どのようなものだったのだろうか。また、嘉納の震災復興の理念と体育やスポーツの発展は、どのように関係するのだろうか。

一九二三年に起きた関東大震災の直後、雑誌『柔道』に掲載された巻頭言「禍《わざわい》を転《てん》じて福とせよ」で、嘉納は〈今日こそ国民挙げて大なる決心を以て立つに最好の機会である〉と述べている。

〈被災者に対する救援、慰問は当然であるが、子どもの教育と同じように、万事が順調に進んで苦労することが少なくなれば、精神がゆるみ、怠惰になりぜいたくを求めるようになってしまう。日本は明治維新以来、外国の文化を輸入してうまく自分たちのものにし、順調に進んで来た。内には制度を改め、教育を普及し産業を興し、貿易も発展させてきたので、至る所に油断や自己中心主義が広がりつつある。今回の大震災を、日本人の将来のためになるよう考えねばならない。そのためには、自他共栄の考えを国内および対外方針として国力を充実しなければならない。そうすることで、世界各国から尊敬され、信頼される国になる。今後わが国民は、わが国をかくの如き位置に進めようということを理想とすべきである〉（『柔道』第二巻第九号、一九二三年）

嘉納は大震災を転機として、日本人や国の政策も自他共栄を貫くべきだと訴えた。そのための個々人の行動をどのようにすべきか、嘉納は次のように述べている。

〈己の生活を立てる途を考え、それに差し支えがなければ、自己発展のためと同時に他の個人のため、社会のため、国家のため、人類のため、即ち一言にていえば他のために何をどうするがよいかということを考慮し、その最善と信ずることを遂行するのが当然とるべき途である。さすれば、己が最善と信ずることをするのであるから、それより良い途がありようはない。自分が一番良いと信じていることをしている以上は、不快を感じ不安を感ずる必要はない。必ず満足してそのことに当たることができる訳である。又一番良いことをしている以上は、前途に光明を見いだすとができる訳である。そうすれば、生き生きとした精神状態でそのことに当たることができる〉（同前書）

嘉納は、個人にあっても、国家にあっても、自国や自身のためのみの行動ではなく、他に尽くす生き方へ転換すべきだと主張した。

大震災前年の一九二二年、嘉納は講道館文化会を設立し、「精力善用・自他共栄」の考え、つまり「他者に尽くしてこそ自己完成がなされ、それにより社会や国を発展させられる」との綱領を発表している。

〈外国人の中には、我が国はこういう災害にあったら必ず混乱状態に陥るであろうと予想していた向きもあったようだが、実際冷静に、この災厄を乗り越えつつある模様を見て、さすが日本人だ、既往の修養が然らしむるのであろうと、賞嘆している〉

日本人は大震災を乗り越え、必ず復興できると嘉納は確信していた。

関東大震災後のスポーツの発展

一九二三年九月に起きた関東大震災からの復興の姿を、当時の日本人は国内外にどのように示したのだろうか。

大震災から六年半後の一九三〇（昭和五）年三月末、東京で帝都復興祭が開かれた。主催は政府復興局と東京市だ。三月二十六日には皇居二重橋外苑前で、天皇陛下列席のもと記念式典が行われている。

帝都復興祭には、駐在大使はもちろん、多くの海外メディアも注目し、その内容は海外にも発信された。復興踊りの花車が東京市内を回り、市電の復興乗車券も発行された。日比谷公園の広場には一万五〇〇〇人もの人々を招待して、帝都復興完成祝賀会が開催されている。

復興祭の一環として、日比谷公会堂で舞踊会、ハーモニカ演奏会、軍楽隊や市民オーケストラによる演奏、映画会など文化的な催しも開かれている。三月二十三日から二十六日にかけて、日本音楽大会（神楽《かぐら》や琵琶劇など）、児童音楽会、映画大会などが開かれた。音楽パレードのほか、夜には提灯行列も行われ、多くの人々でにぎわっている（東京市役所編『帝都復興祭志』一九三二年）。

鎌倉時代から祭りで行われていたホッケーに似た子どもの遊び「マリ打ち」を郷土玩具《がんぐ》の専門家に復興してもらい、当日披露された（一九三〇年二月五日付「朝日新聞」）。帝都復興祭は、伝統的遊戯《ゆうぎ》の復興にも貢献したのだ。

これらと並行して〈復興の力を表徴するにもっとも意義ある記念事業〉（同前紙）として行われたのが「帝都復興体育大会」だった。東京市と各競技団体により、三月二十四日から二十八日までの五日間、震災後に造られた東京市内の競技場を中心として、一七に及ぶスポーツ大会が実施されている。

震災後に創設され、水上スポーツの拠点となった隅田公園では、天皇陛下観覧のもとボートレースが開かれた。東京帝国大学、東京商科大学、東京文理科大学、早稲田大学、慶應義塾大学など関東一二校がレースを行い、隅田公園両岸は大観衆で埋まった。

公園内に設置された児童公園を見て、天皇陛下は〈子供の遊び場所が沢山出来れば人道や車道で遊ぶこともなくなり交通の発達に伴う事故もなくなって大変よいことだ〉と述べたという（一九三〇年三月二十五日付「東京日日新聞」）。

日比谷公園では、テニス、剣道とボクシングが行われた。テニスは、硬式と軟式の両種目が男女それぞれで行われている。

陸上スポーツの拠点として整備された神宮外苑競技場では、野球、陸上競技、体操、ホッケー、蹴球、ラグビー、相撲の七競技が行われた。芝公園では弓術と水泳、YMCA（キリスト教青年会）の施設ではバスケットボール、東京府立第六中学校ではバレーボールが行われている。

最終日の二十八日、大会の最後を飾った柔道は日比谷公会堂を会場とした。そのほか「帝都訪問飛行」として、法政大学の飛行機二機が立川を出発することも計画された（東京市役所編『帝都復興祭志』一九三二年）。

これらの参加者は、多くは中等学校、大学や専門学校の学生であり、野球では実業団チーム、バスケットボールではクラブチームも参加した。また水泳では、水術各流派による古式の泳法も披露され、七十歳代の選手が喝采《かっさい》を受けている。体操は小学生も演技した。

ボクシングではフィリピン人選手四名、バスケットボールではアメリカンスクールの学生も出場するなど、当時としては珍しい国際的な一面もあった。ボート、テニス、バレーボール、バスケットボール、陸上競技、水上競技、体操などには女子の部が設けられた。

陸上競技では日本新記録も続出し、野球は外野スタンドまで埋まるなど、〈復興成った帝都を全くスポーツの都と化した感があった〉と当時の新聞は伝えている（一九三〇年三月二十七日付「読売新聞」）。

朝日新聞も〈世界に類を見ない日本人の反ぱつ復興力を発揮して居る〉（一九三〇年三月二十五日付）と評している。この月の二十日には神宮プールが着工となり、国際舞台での水泳選手の活躍を支えていくことになる。関東大震災からの復興の姿を、先人たちはスポーツを通して示した。

帝都復興体育大会についての新聞記事を読む限り、帝国主義的な色彩はあまり感じられない。天皇の巡幸《じゅんこう》はあるが、文化的な行事にあふれ、「生徒児童や大学生、一般の社会人によるスポーツの祭典」という性格が色濃い。戦後の国民体育大会的な様相《ようそう》に近かったのかもしれない。

スポーツが活発に行われている姿を通して、東京は震災復興を内外に示した。そこに至るまでには、嘉納治五郎をはじめ大日本体育協会関係者による、後藤新平や折下吉延ら都市計画関係者への働きかけが大きく功を奏した。

競技力向上とスポーツの大衆化

関東大震災という未曾有の災害の直後、嘉納治五郎は災害を契機として、むしろ競技力向上とスポーツの大衆化の双方を図ろうとした。東京での全日本選手権大会の開催、パリオリンピックへの派遣はまさに競技力向上を目指したものだ。復興三大公園に運動施設を設けたことは、一般大衆にスポーツを認識させ、参加させる契機となった。

嘉納は一九二二年に提唱した理念「精力善用・自他共栄」を、震災を契機に国の政策や一人ひとりの生き方として広めようと試みている。嘉納と大日本体育協会は、スポーツを基軸とした社会の復興を進めた。競技力向上の成果は、オリンピック本番での活躍で充分に発揮された。

嘉納は競技力向上とスポーツの大衆化について、分け隔てて考えていたわけではない。理想とする「精力善用・自他共栄」の考えを普及させるべく、一九二二年の講道館文化会設立以後、嘉納は具体的に行動していった。

震災直後の一九二四年のパリオリンピックに、最小限の代表団を派遣して成果を上げたことは「精力善用」の考えに基づいている。公園を建設し、選手だけでなく多くの一般市民にスポーツの場を提供したことは「自他共栄」の考えに基づいていた。

嘉納にはまず「精力善用・自他共栄」の理念の普及という明確な目的があり、その範疇《はんちゅう》で競技力向上とスポーツの大衆化が考えられていった。

東日本大震災と東京オリンピック・パラリンピック

関東大震災直後の九月三十日、大日本体育協会は休止になった全日本選手権競技会の十一月開催、翌年のパリでのオリンピック競技大会への代表団の派遣、そして東京市内の公園に競技場を建設することが建議された。

結果的に嘉納治五郎は、これら三つをすべてやり遂げた。これは歴史上、スポーツによる社会の復興を果たした最初の例と言っていいだろう。特に「日本人は震災に負けていない」という事実を示す好機ととらえ、日本代表団をパリに派遣したことは重要だ。

この歴史は、東日本大震災が起きた二〇一一年、日本女子サッカーがワールドカップで優勝を果たしたこと、そして二〇一二年のロンドンでのオリンピック・パラリンピックで、日本がそれまでのオリンピック史で最多のメダルを獲得したこととも重なり合う。スポーツによる社会の復興への関わりは、嘉納治五郎によって今日の日本人に受け継がれているのだ。

日本は歴史上、地震や津波、台風など多くの自然災害に悩まされてきた。災害が起きるたび、日本人は自然への脅威《きょうい》を感じつつ、災害から立ち直るための努力を続けてきた。自然の猛威を受け入れつつ、災害の傷から立ち上がり、復興する歴史を繰り返してきたのだ。

たとえば関東大震災後、日本のビルの建築は、不燃化と耐震化を目指して煉瓦造《れんがづく》りから鉄筋コンクリートに変わっている。テラコッタ（外装用の大型陶板）が普及し、帝国ホテルや新橋演舞場をはじめ多くのビルの壁面が装飾されていった。これらは戦前のビル建築の装飾として用いられ、都市の風景を飾っている。

このように、自然災害をバネにして発展のエネルギーとしてきたのが、震災大国に生きる日本人の尊い歴史だ。関東大震災が起きたときにも、日本は競技スポーツと生涯スポーツを共に発展させてきたといえる。

そして二〇二〇年の東京オリンピック・パラリンピックの開催ビジョンの一つとして「東日本大震災からの復興」が示された。日本オリンピック委員会は被災地へのアスリート派遣やアスリート自らの支援活動を推奨し、スポーツによる復興への取り組みを進めている。

「スポーツを通した災害からの復興のモデル」として東京オリンピック・パラリンピックを提示することができれば、それはそのまま世界への貢献につながる。

自然災害は地球上、どの地でも起こりうるものだ。その復興の過程で、スポーツが一定の役割を果たせるモデルを示すことができれば、スポーツの新たな価値を発見することにつながるだろう。

関東大震災からの震災復興事業は、嘉納治五郎が一人で行ったものではない。嘉納が計画を実行に移せたのは、政界や財界、教育界など幅広い人脈があったおかげだ。明治神宮奉賛会の阪谷芳郎、復興院総裁の後藤新平と嘉納治五郎は旧知の仲だった。

こうした当時の日本の指導者たちに、日頃から体育・スポーツへの教育的価値についての理解を浸透させていたおかげで、嘉納の提案は各方面で受け入れられた。その人的ネットワークによって、嘉納の事業は具体的に達せられていったのだ。

第七章

オリンピックの東京招致

東京への招致

嘉納がＩＯＣ委員として精力を傾けたのが、一九四〇年の東京オリンピック招致だった。そもそも東京へのオリンピック招致は、永田秀次郎（一八七六〜一九四三年）の発案であった。

永田は関東大震災時に東京市長（在任一九二三〜一九二四）を務め、復興に尽力した人物でもある。東京市内の公園の建設にも貢献した。その後一九三〇年に再び東京市長に選ばれると、一九四〇年が皇紀二六〇〇年に当たることから、オリンピックを東京で行い、祝賀しようと考えたのだ。

彼は嘉納治五郎にその意図を伝え、協力を求めた。しかしながら嘉納は慎重であった。その理由は、ヨーロッパから遠く離れていて移動に時間と費用を要すること、選手や役員を宿泊させる十分なホテルがないこと、そして語学の面で英独仏語を操《あやつ》れる人材がスポーツ界に乏《とぼ》しく、十分な接待ができない、という理由で時期尚早ではないか、ということだった。流石《さすが》の嘉納もすぐに快諾できなかったようだ。

このような中、永田市長の発言は重く受け止められ、オリンピックを東京に招致するかどうかについて、大日本体育協会の中でも議論されることになった。その議論の中身は、協会の機関誌『アスレチックス』（一九三一年五月号）に座談会として掲載されている。嘉納治五郎名誉会長、岸清一会長、野口源三郎理事、高島文雄主事、それに水上競技連盟、漕艇協会、蹴球協会の役員たちが出席して意見が交わされた。岸も嘉納の働きでＩＯＣ委員に就任していた。

高島は、スポーツ界以外の人々がオリンピックに関心を持ちつつあり、立候補することでスポーツ界と一般社会に向けたオリンピックの啓蒙活動になるし、すぐに成功するわけがないので、前々から手を上げた方が良いのでは、という見解であった。

ところが嘉納は、勝てる見込みがない中で何度立候補しても意味がない、周到な準備が必要であり、それを自分たちＩＯＣ委員に要求されても困る、と述べた。

野口も嘉納を補佐し、どれほどの決心と折衝力をもってオリンピックを招致するつもりかを東京市も各競技連盟も話し合い、その計画を検討するべきと述べた。岸も資金の準備からすべて我々に依頼されても困る、我々に使命を授けるだけの準備をしてもらいたいと述べている。

嘉納は米国の委員は招致の際に、会議でこのように決議したというたくさんの書類を根拠として見せるなどして、暗に東京市の覚悟と準備を促した。自分に頼るのではなく、それぞれが出来る限りの準備を周到に行い、そして招致に進むべきで、そうすれば自身も動くと話した。

こうした嘉納治五郎たちスポーツ界の見解に永田市長は応える。一九三一（昭和六）年十月二十八日、東京市会が開催要望を正式に決議した。その理由は、東洋での初開催、建国二六〇〇年、そして関東大震災から復興した東京市を世界に示す、ということだ。その後、改めて嘉納と岸に招致活動への協力を依頼した。東京市の決心を重く受け止め、嘉納は具体的な活動を始めていった。その流れはざっと次のようなものだ。

▼一九三二年七月　ＩＯＣ総会（ロサンゼルス）に出席。ラツールＩＯＣ会長に正式な招請状を手渡し、東京への招致を説明

▼一九三三年六月　ＩＯＣ総会（ウィーン）に出席。嘉納の推薦によって、杉村陽太郎（元国際連盟事務局次長）が日本人三人目のＩＯＣ委員に就任

▼一九三四年五月　ＩＯＣ総会（アテネ）に出席。嘉納は各ＩＯＣ委員に、日本のスポーツの写真集を配布しながら招致活動を行う。「ローマ市が断然有利」との感触を得る。急逝した岸清一ＩＯＣ委員の代わりに、副島道正をＩＯＣ委員に就任さ

せる
▼一九三五年二月　ＩＯＣ総会（オスロ）。杉村ＩＯＣ委員を総会に出席させる
▼一九三六年七月　ＩＯＣ総会（ベルリン）に、嘉納が出席して招致演説。投票の末、東京開催が決定
▼一九三八年三月　ＩＯＣ総会（カイロ）に出席し、東京開催を再確認させる

嘉納は七十代になってから、東京オリンピックの開催に向けて世界を駆け回ることになる。船での長旅を苦ともせず、東京への招致を目指して奮闘したのだ。もともと嘉納は、東京にオリンピックを招致することはかなり難しいと感じていたが、活動するうちに、手応えを感じ始めた。

〈今度第十二回オリムピック大会を日本に持って来るということに乗り出して、昨年から運動を始めたが、最初から余程困難であるということは判っていたことで、それは丁度大刀を持つ者に短刀で刃向うようなものである。しかし困難と思われれば思われるほど却って面白味はあり、真剣味が増すので、昨年のロスアンゼレスに於ける各国委員間の意向を、各方面からそれとなし推測して見たが、最初はイタリー

八分、日本二分といった形勢であった。それが閉会に近づくにしたがって、日本の味方が段々増えて来たことは、今回更にウイーンの大会において活動する絶好の前提となったのである〉（『柔道』四巻一〇号、一九三三年）

困難なものに向かうほど面白味があるというのは、楽天的で嘉納らしい言葉で、「逆らわずして勝つ」という発想に通じるものである。その一方で嘉納は緻密に事を運んでいった。そのことは一九三三年六月に開催されたウィーンでのＩＯＣ総会での彼の行動に見いだせる。

ウィーン総会における嘉納

嘉納はＩＯＣ総会二日目の六月八日に杉村陽太郎（一八八四～一九三九年）を日本人三人目のＩＯＣ委員に推挙し、極東大会の開催など大きな責務が日本にあるためと説明し認められた。

杉村は、嘉納の懐刀《ふところがたな》ともいうべき人物であった。杉村は嘉納が校長を務めていた高等師範学校附属中学校を一九〇一年に卒業。彼は嘉納塾にも入り、嘉納と師弟関係を結び、講道館柔道でも六段まで昇進した。一九〇八年に東京帝国大学を卒業し、外務省に入省。一九一〇年、フランスのリヨン大学にて博士号を取得した。一九二三年駐フランス大使館一等書記官になり、一九二七年には、国際連盟事務局次長に就任、やがて政治部長も務めた。身長一八五センチ、体重一〇〇キロの巨漢で、フランス在外公館勤務中は、柔道の指導にも尽力した。

国際連盟事務局次長として杉村は、国際協調に精力を注いだが、一九三三年二月、日本が国際連盟を脱退表明した際には、無念の思いで事務局次長を辞職した。そのような杉村を嘉納は一九三三年六月のウィーン総会でＩＯＣ委員に就任させたのであった。

ウィーン総会での嘉納の活動は次のようであった。

オーストリア出身のＩＯＣ委員テオドル・シュミットはロサンゼルスの総会で嘉納と懇意になり、その後来日してすっかり親日家になった。嘉納は一日早くウィーンに入り、シュミットに、ＩＯＣ総会が終わる六月九日午後を日本デーにするよう依頼した。午後三時半にＩＯＣの総会が終わるとホテルの二階にオーストリアの柔道クラブが一五畳の道場を用意し、午後四時に嘉納が柔道着姿で登場し、柔道の歴史と理論について英語で説明した。二人の弟子を相手に、嘉納が投げ技を見せた。長身のＩＯＣ

委員も投げられ、柔道の理論をすべてに応用すれば繁栄できると話すと、拍手で称賛された。午後八時からの晩餐会も盛会であったが、東京招致にはあえて触れず、参加者の日本への関心をかきたてて終わった。

杉村陽太郎の活躍

このように、嘉納はＩＯＣ委員を味方にしていくために周到な作戦を立てて実行した。一九二四年にクーベルタンに書簡を出し、岸清一・大日本体育協会長をＩＯＣ委員にするよう依頼し就任させた。その後、一九三三年のウィーンでのＩＯＣ総会で、杉村陽太郎は日本人三人目のＩＯＣ委員に就任する。さらに、岸清一が一九三三年十月に逝去すると、翌年五月のＩＯＣ総会で副島道正（一八七一～一九四八年）をＩＯＣ委員に推挙している。こうしてＩＯＣ内部における態勢を整えた。一方、一九四〇年大会の東京招致の強敵はローマと認識し、嘉納は奇抜《きばつ》な提案を一九三三年十一月の東京市実行委員会で行っている。

〈希望国の一つであるイタリアは既に荘厳なオリンピック競技場をもち、また地理的関係からも非常に有利で手強い。ムッソリーニ首相も一生懸命であるが、彼は豪い人であるから訳を話して譲れと言えば譲るかも知れぬ。要するに自分は東京が十二回目のオリンピック大会開催地になることは十分有望であり実現するものと確信するが何と言っても明後年度のＩＯＣ総会までの我国の準備と決心の如何による〉（「資料東京オリンピック一九四〇―第十二回東京オリンピック東京市報告書―」東京市役所編著、二〇一四年）

ムッソリーニと交渉してローマを取り下げさせようという提案であった。この発言を杉村陽太郎が一年数カ月後に実行に移す。開催地を決定する投票はＩＯＣ委員により行われるので、東京市オリンピック実行委員会は嘉納と杉村との連携を密にしていった。一九三四年五月にアテネで開催されるＩＯＣ総会に嘉納が出席する際、東京市のスポーツ・文化施設を紹介する写真集「スポーツ・センター・オブ・ゼ・オリエント（東洋のスポーツの中心地：東京）」を作成して委員に配布することになった。

この写真集には永田市長の招請状の文とともに、東京で行うことの理由が次のように説明されていた（「東洋のスポーツの中心地　東京」極東書店、二〇一八年）。

▼オリンピック・ムーブメントへの貢献：オリンピックの時代的経過とともに、優勝者や入賞者の国籍が広がり、着実にスポーツの国際的発展がなされつつあること、東洋での開催がそうした傾向をさらに強めるであろう。

▼競技施設と宿泊施設：東京は一九三三年五月には人口五四〇万人を超え、ニューヨーク、ロンドンにつぐ世界三番目の大都市になった。競技施設は明治神宮外苑競技場を中心に、多様な施設が存在しているし宿泊施設も十分に準備できる、そして国民のスポーツへの関心も高く「スポーツ狂」である。

▼東京の魅力：西洋的な近代都市が備える交通体系、公共建築物、ホテル、水道、学校、図書館、映画館などが完備しているとともに、伝統的文化である寺社、庭園、滝、木々などが調和的に存在しており、そのことが西洋人に驚きの感慨をもたらすだろう。

▼震災からの復興：一九二三年九月に起きた関東大震災で、東京市の半分が焼失したが、その後の復興努力により、公園や耐震構造の建物が増え、以前にも増して美しく耐久性の強い都市になった。

日本はオリンピック・ムーブメントに貢献しようとする姿勢と大会の開催に向けて

ロサンゼルス・オリンピックに出席する嘉納

準備を進めつつあったことを示している。

一九三四年五月、アテネのＩＯＣ総会で嘉納は副島道正をＩＯＣ委員に就任させるが、彼は嘉納が学習院の教頭を務めた頃の生徒であった。副島は成績があまり良くなく、しばしば嘉納教頭から叱責されたが、卒業後はケンブリッジ大学に学び、後に京城日報社社長を務めるなど活躍した。こうしてフランス語圏と英語圏に通じる弟子をＩＯＣ委員に就任させ、戦う態勢を整えていった。

一九三五年一月十日付で、嘉納はラツールＩＯＣ会長に書簡を送った。そこには、嘉納が一九三二年のロサンゼルスのＩＯＣ総会で東京市長の招請状を手渡して以来、東京への招致のために奔走《ほんそう》していること、一九四〇年は皇紀二六〇〇年で観客も増えるので最も相応しいこと、これまで欧米のみの開催で世界の人口の半分を擁するアジアで開催されていないこと、日本はオリンピック精神に忠実で、東京開催でオリンピック精神がアジアに普及すること、などを書き示した（嘉納治五郎の書簡（一九三五年一月十日）ラツール宛、ＩＯＣオリンピック研究所所蔵）。

また、選手の渡航旅費を補塡《ほてん》するという東京市長の書簡も添付した。

一九三五年二月十八日、副島と杉村は、ローマのオリンピック招致の取り下げについてムッソリーニと会談した。当時の杉村は駐イタリア大使であった。一九四〇年が建国二六〇〇年にあたり、国家的祝典としてオリンピックを開催したいので、一九四〇年に限り、ローマ市の立候補を取り下げてほしいと懇請した。彼らの訴えにより、ムッソリーニは日本国民のために譲歩すると述べ、立候補の取り下げを約束したのであった（『オリムピック』一五巻二号、一九三七年）。

二月二十六日、オスロでのＩＯＣ総会にて杉村は、嘉納の代理として東京招致を主張した。すなわち、これまでのオリンピックは欧州で八回、米国で二回開催されているが、アジアでは未開催であり、オリンピックの汎世界性から問題であり、旅行の金銭的な犠牲はそのために忍ばなければならないと述べた。一方、杉村と副島が政治家に働きかけたことを他の委員から指摘され、問題になった。ＩＯＣは、警告を促す書簡を嘉納治五郎と副島道正に送っている。

〈日本からの二名のＩＯＣ委員は正しくない道を選んだ。私に直接相談する事なく、委員会以外の権威者に会見した。このことでさらに予想しないことが起きてしまった。大会に対して外国の影響を受けないというＩＯＣに必要な自由が、個人的な交渉により傷つけられた。第一三回の大会開催地を同時に決めることは全く不可能であり、ローマの取り下げにより、郵便投票が無効になってしまい、混乱に拍車がかかった。ヘルシンキが東京に対抗する唯一の都市になった。

唯一の賢明な方法は、決定を一年延期することである。このような事態になったことを懸念しているし、貴殿は自身の持っている影響を行使すべきで、外部の影響は受けないようにすべきである。来年、我々はＩＯＣの伝統に従い、立候補者と正規の取引を行いたい〉（ＩＯＣ書簡、一九三五年三月九日、嘉納治五郎宛、ＩＯＣオリンピック研究所所蔵）

この内容は、政治家に働きかけたことに対する警告であった。これに対し、牛塚虎太郎・東京市長はすぐにラツール会長に返答した。一九三五年四月十日付で六〇〇万人の東京市民の総意として、東京開催の理由について書簡で説明した。

一、オリンピックはアジアでは未開催であり、アジアの人口は世界の半数に及んでいること。
二、一九一二年の初参加以来、日本はどの開催地にも多くの代表団を送ってきたこと。
三、日本のスポーツ記録は、他の国に比べても劣らないこと。
四、一九四〇年は建国二六〇〇年という歴史的な節目にあたるため、多くの観客が期待できること。
五、イタリアの宰相ムッソリーニは我々の熱意と歴史的意味を理解し、公式に一九四〇年ローマでの開催を放棄したこと。（牛塚虎太郎の書簡、一九三五年四月十日、IOC会長バイエ・ラツール宛、IOC オリンピック研究所所蔵）

この後、一九三六年三月、ラツール会長は東京に招待され、明治神宮外苑競技場

（陸上、水上、野球、相撲）などの競技施設を視察したほか、中山競馬や講道館を訪問した。関西では甲子園運動場ほか、京都や奈良も訪れた。三月十九日から四月五日までの日本滞在を通して会長は日本における競技施設の質の高さを実感したのであった。

東京招致成功

一九三六年七月二十九日、ベルリンでのＩＯＣ総会が始まった。審議は三十日に行われた。三十日午前、初めてＩＯＣ総会に出席する委員の紹介があり、副島も含まれていた。その後、杉村がＩＯＣに対し辞表を提出し受諾され、会長が慰労と感謝の書簡を送った。（『オリムピック』一四巻一二号、一九三六年）

杉村の辞表提出は、ムッソリーニに交渉してローマを取り下げさせたことにより、ＩＯＣの反発を招いたこととの責任を取ったものである。一九三六年三月十九日、来日したラツール会長が、杉村から辞表を受け取っていることを述べた際、辞任の理由は三五年二月のオスロでのＩＯＣ総会で政治的な運動を行ったことが原因と報道されている（一九三六年三月二十日付「読売新聞」）。

ベルリンでのＩＯＣ総会では、杉村の辞任を認めた直後に第一二回大会開催地についての審議に入り、嘉納が〈近代オリムピック復活以来オリムピックは悉く欧州及び米国に於て行われた。亜細亜は、此度こそは、オリムピックを開催せんという希望に燃えている〉と述べ、三〇〇名近い選手団をベルリン大会に派遣した日本は、オリンピックの理想を徹底していると発言した（『オリムピック』一四巻一二号、一九三六年）。

総会前に嘉納は、〈自分は重大な覚悟を持ったのである、オリムピックは当然日本に来ると思われるにも拘らず若し来なければそれは正当な理由が斥けられたという事に違いない、それならば日本から欧州への参加もまた遠距離であるから、出場するには及ばないという事になる、その時は日本は更に大きな世界的な大会を開催してもよかろうと思っている〉（一九三六年七月三十一日付「東京朝日新聞」）と述べるなど、強気の発言を繰り返していた。

「もしもオリンピックが東京に決定しなかったなら、ＩＯＣが間違っているのであるから、東京で別の国際大会を開催する」との宣言だった。嘉納は「オリンピックは是が非でも東京で開催すべきである」という強い信念と確信をもって、東京招致に執念を燃やした。

嘉納が主張した「東京で開催すべし」という論理は、どのようなものだったのだろうか。当時の新聞には、次のような言葉が紹介されている。

〈近代オリムピック設立の意志は古代オリムピックがギリシャに限っていたのに対し世界のオリムピックにすることにある、欧州と米国のみのオリムピックではない、東洋でも行わねばならないというのが最も大きな理由で、しかも日本位熱心に大会に参加しておる国は世界中に少ないではないか〉（一九三六年七月二十五日付「東京朝日新聞」朝刊）

当時はまだ、飛行機は発達していない。ヨーロッパから日本に来るためには、船でアフリカ、インド洋を経て日本に向かうか、北米回りの航路か、はたまたシベリア鉄道でソ連を横断して日本に入るかのいずれかのコースしかなかった。いずれも二〇日間近くの日数を要する。欧米にしてみれば、日本に選手団を派遣することなど想像もできなかっただろう。「渡航日数が長く旅費がかかりすぎる」という理由で反対するＩＯＣ委員は多かった。

しかし、嘉納はそれを逆手に取った。「そのような遠距離から、一九一二年以来、毎回多くの日本人選手がオリンピックに参加している」「ヨーロッパの選手が日本に集まることなど、日本選手団の苦労と比較すればたいしたことはない」「むしろそうすることによって、オリンピックが『欧米のもの』から『世界的な文化』へと変わる」と嘉納は訴えた。相手の論理を、見事に自身の論理に引き寄せたのだ。嘉納の巧みな交渉術は相手の力に「逆らわずして勝つ」という柔道の理念そのものだった。

東京とヘルシンキで争ったIOC総会での投票結果は、三六票対二七票で東京が勝利する。嘉納の渾身の説得と、語学に堪能で国際情勢に明るい嘉納の弟子、杉村陽太郎との息の合った戦いにより東京オリンピックは勝ち取られた。

東京招致が決定した際、ラツールIOC会長は次のように述べている。

〈実を言うと去る三月私が日本を訪れるまでは日本に対して多少疑惑を持っていたが日本を訪れてからはすっかり日本の友人になり切ってしまった。私は今度の総会で日本の代表が期待以上に良くやってくれたことを感謝する。嘉納、副島両氏が国民の名に於て奮闘されたことは感激する外ない。（略）日本と決まったからには徒にお祭騒ぎをやめて真のオリムピック精神発揮に努力してもらいたい。一九四〇年に

再び日本へ行く機会のあるのは私にとって此の上ない楽しみである〉（一九三六年八月一日付「読売新聞」号外）

日本が国際連盟を脱退し（一九三三年三月）、国際的に孤立して数年が経過していた時代に、国際競技大会を東京で行うことの支持を世界から取りつけた。嘉納の「逆らわずして勝つ」という姿勢のもとに周到に練られた計画と行動によるものだ。東京招致決定の直後、嘉納は次のように述べている。

〈私が生んだ日本のオリムピック・ムーブメントは遂に実を結ぶことが出来た。（中略）東京で開くことになった以上あくまで世界に範を示さねばならない。従来のオリムピックは欧米だけで開催されオリムピックの真の意義を発揮出来なかったが次回の第一二回大会は東京で行う事になりこれによって真に世界的なものとなると同時に日本の真の姿を外国に知らせることを得るので二重に愉快である〉（同前紙）

多くの日本代表団は招致の成功に大喜びする中、嘉納は浮かれることなく、世界の文化にするための構想を練りだしていた。

また、米国放送局のインタビューに応じ、東京大会はベルリン大会よりも大きな規模で開催するのか、との質問に、〈若しも総ての国が他を凌駕する事に努めるならば限りはない。かくてオリムピック精神も又経費の濫費の為に失われるに至るのであろう事を恐れる〉(『オリムピック』一四巻一二号、一九三六年)と、むしろ規模を小さくして開催する、と述べた。嘉納は、オリンピックの肥大化《ひだいか》に伴うオリンピック精神の喪失を懸念していた。また、〈日本の持つ友情、そして日本が一九四〇年を世界平和の最もよき期間たらしめんと熱望する日本の真姿をはっきりと見て戴く事も出来ると信ずる〉と東京大会への期待を表した。

嘉納は一九四〇年の東京大会招致にあたっては、アジアでの開催によりオリンピックを世界の文化にするというオリンピック・ムーブメント像を主張した。その実現のために、単に理想を唱えるのみではなく、周到に計画し事を運んだのであった。

オリンピックと武士道精神

さて、嘉納の考えた「オリンピックを真に世界的な文化にする」とはどのような意味だったのだろうか。それは講道館柔道によって形成された武士道精神を、オリンピック精神に組み入れることだった。

国内的には生涯スポーツの振興を目指しつつ、対外的には、オリンピック精神と武士道精神とを融合させることを嘉納は目指した。オリンピック精神とは、心身の調和的な発達を求めたヘレニズム思想の展開である。嘉納の武士道精神は、身体とともに心を練り、そこで得たものを社会生活に応用していくことを目指した。嘉納の武士道精神はオリンピックの理念と矛盾するどころか、より発展的でさえあった。

嘉納の武士道精神は、突き詰めれば「精力善用・自他共栄」の考え（目的を果たすために最も有効な方法を使用しつつ、それを実生活に活かすことによって、人間と社会の進歩・発展に貢献すること）だと言える。

西洋のスポーツ文化に、身体と心を練りながら「精力善用・自他共栄」という嘉納の考えた武士道精神を加味《かみ》することを、嘉納は構想した。一九四〇年の東京でのオリンピック開催は、その格好の場だった。

IOC委員の尊敬を集めた嘉納治五郎

一九三六年に東京での開催が決められたが、その後の東京オリンピック開催準備の遅れと中国との戦争状況を斟酌《しんしゃく》して、IOCは東京オリンピック開催返上を暗に促すようになった。一九三八（昭和十三）年三月にカイロで開かれたIOC総会で、東京開催をどうするかが話し合われている。東京開催の危機的な状況に際して、七十七歳の嘉納治五郎は日本代表としてIOC総会に参加することになった。二月二十一日門司港を出港してシンガポール、そこから空路アレキサンドリアに入りカイロに到着したのは三月八日であった。

到着するや否や、日本の代表団と協議し、ラツール会長はじめ、IOC委員たちと話し合い、予定通りの東京開催を主張した。会議で嘉納は「オリンピックの開催は、政治的な状況などの影響を受けるべきではない」と演説した。この主張に対し、並みいるIOC委員のうち、異を唱える者はいなかったという。スポーツの本質を正面から突き、政治的な状況を云々している人々に対して「逆らわずして勝つ」ことを実践したと言えよう。十九日までの会議で、東京大会開催の確認と札幌での冬季大会の開催が決められ、三月二十日にラジオ演説で嘉納がそのことを故国に伝えた。

二十二日にカイロからアテネに入り、オリンピアに赴《おもむ》いて二十六日にはクーベルタン男爵の慰霊祭に参列した。嘉納は二年後の東京オリンピックへの協力を多くのIOC委員たちに依頼した。ギリシャからの帰途、嘉納は終始、東京開催を支持してくれ

氷川丸で横浜へ向かう嘉納

た米国ＩＯＣ委員の元を訪れる。アメリカで彼らと協議し、礼を述べるとともに、東京オリンピックへの協力を取り付けた。

そして四月二十三日、バンクーバーから氷川丸に乗船し、横浜に向かった。その船上で、嘉納は肺炎を起こして亡くなってしまう。一九三八年五月四日、横浜帰着のわずか二日前のことだ。

嘉納逝去の報は、日本だけでなくアメリカにも真っ先に伝えられた。「ニューヨーク・ヘラルド・トリビューン紙」は訃報欄をさき、写真入りで七〇行にわたって彼の業績を詳細に伝えている。

〈日本のオリンピック代表　嘉納博士逝去す
国際委員会委員、七七歳、貴族院議員　カイロからの船上で逝く　東京発四日（水曜日）
ラジオによれば、太平洋上の客船、氷川丸に乗船している日本人ＩＯＣ委員嘉納治五郎博士が、肺炎のため亡くなった。七七歳であった。彼は二カ月前のカイロでのオリンピック会議に出席し、帰国の途上であった。貴族院議員の嘉納は日本体育協会の名誉会長でもあった。
一九四〇年東京大会を獲得
嘉納博士は、カイロでのＩＯＣ会議に出席して一九四〇年の東京大会の信任を得てから、三週間前にアメリカ合衆国に到着した。彼は、日本が中国と戦争状態にあっても、オリンピック競技大会は開催できると確信していた。「一九四〇年までに中国状況に変化が起こらなくても、東京でのオリンピック開催を反対する理由にはならないと信じる。オリンピック競技大会は政治やその他の影響を受けてはならない」と嘉納は述べた〉（一九三八年五月四日付）

一九三八年といえば、日米関係がかなり悪化していた時期だ。そのような中、このようにアメリカの新聞が嘉納の功績を詳細に紹介している事実は、柔道やオリンピック・ムーブメントの復興に尽くした嘉納がいかに尊敬されていたかを示している。嘉納がＩＯＣ関係者から高く評価されていたことは、逝去を悼《いた》んだメッセージからもうかがえる。

ラツールＩＯＣ会長は嘉納の逝去に対し、彼を〈真の青年の教育者〉と称え、次の追悼文を送った。

〈同氏の逝去は単に日本にとって偉大なる損失に止まらず、全世界のスポーツ界にとっても亦同様である。氏は自身偉大なるスポーツマンであった。スポーツ界のチャンピオンとして氏は非常なる熟練さを以てスポーツを実行した。又氏は青年の真の教育者であった。我々は嘉納氏の想出を永く座右の銘として忘れないであろう。日本国民の氏の逝去に対する哀悼の情は、氏を知り而して氏を愛した人々全部の相分かつものである。

恰《あたか》も兵士の如く氏は自己の義務を遂行しつつ逝った。然し氏はもっと永く生きていて氏の生涯の夢であった東京オリンピックを見るべきであった。此の東京オリンピックこそ、氏が日本のあらゆるスポーツを今日の高き標準に引き上げるために費やした永年の労苦に対する報酬であったであろう。余はここに余並びに余の同僚を代表し、日本の全スポーツマンに対し、我々の最も深き哀悼の意を伝達したいと思う〉（「世界の嘆き」『柔道』九巻八号、一九三八年）

ベルリン大会事務総長を務めたカール・ディームは嘉納〈世界で稀に見るスポーツ教育の総合的人格者〉と評し、ブランデージ（ＩＯＣ委員、アメリカ・オリンピック委員会会長）も〈典型的教育家〉と述べた。

ピエトリ（ＩＯＣ委員、フランス・オリンピック委員会会長）は〈日本国民は、氏の真摯《しんし》なしかも勇敢な努力に対して深く感謝しなければならない〉と追悼を寄せ、クラレンス・ブルース（アバーデア男爵、ＩＯＣ委員、イギリス）は〈私は氏の遺志に従い、日本におけるオリンピック競技大会を支える事を最大の幸福と考える〉と東京オリンピック開催への努力を誓った。

ＩＯＣ技術顧問クリンゲベルグは〈東京オリンピックを成功させることは氏を尊敬する者の義務である〉と述べ、同じく、東京オリンピック成功への努力を表明している。

ＩＯＣ委員ばかりでなく、日本の外交官も東京オリンピック成功への思いを強めた。嘉納と一緒に氷川丸に乗船した外交官・平沢和重は次のように述べている。

〈あと二日で横浜だという所まで来て急逝された先生の今はの心境を思う時、万感交々至らざるを得ない。奇しき縁で先生の輝かしき八十年の生涯の最後の十一日間というものを文字通り起き伏しを共にした私は、そして今こうして御遺骸の安置された隣家で思いをその走るままに認めている私は心から東京オリムピックの成功を祈らざるを得ないのである〉（平沢和重「嘉納先生が急逝せられて」『柔道』九巻七号、一九三八年）

一九四〇年大会の東京オリンピック招致決定は、嘉納に対するＩＯＣ委員たちの信頼と尊敬の証だった。

嘉納を看取った平沢和重は、のちに一九五九（昭和三十四）年のＩＯＣ総会において、一九六四年大会の東京招致へ向けた名演説を行うことになる。

嘉納治五郎は、ただ単に東京でオリンピックを開催したかったわけではない。「欧米のオリンピック」から「世界のオリンピック・ムーブメント」にするべく、彼はＩ

ＯＣ委員に働きかけた。ＩＯＣの考えにすり寄るのではなく、未来のあるべきオリンピック・ムーブメント像を、教育家として主張したのである。この業績は、日本のオリンピック・ムーブメント史上に刻まれるべき重要な歴史だ。

クーベルタンは逝去する前、一九三七年七月二十九日付の最後の手記で次のように述べている。

〈東京での開催はアジアの国々を近代のオリンピズムで結ぶのみならず、古代ヨーロッパの最も高貴な文明であるヘレニズムが、アジアの洗練された文化・芸術と混じり合うことこそ大事である〉（Norbert Müller: Pierre de Coubertin. Lausanne: International Olympic Committee、二〇〇〇年）

クーベルタンは「オリンピズムは時代とともに変化する」と考えていた。その糸口を日本の文化に求めていたのだろう。

一九三〇年代に、なぜ東京がオリンピックの開催地に選ばれたのか。「オリンピック・ムーブメントを世界の文化にする」という東京（日本）開催の明確なビジョンを、嘉納治五郎がもっていたからにほかならない。嘉納の念願である「精力善用・自他共栄とオリンピズムとの融合」という壮大な構想は、ヨーロッパの文化であるオリンピック・ムーブメントに、東洋の視点という異質なものを融合させようとしたのであり、それはオリンピックが多様性を認めていく始まりであったと言えるだろう。

一九六四年の東京オリンピックへの接点

一九四〇年開催予定だった東京オリンピックは、嘉納の死から二カ月後の一九三八年七月十五日の閣議において、中止の決議がなされた。日中戦争の激化に伴い、軍部の勢力が強くなり、遂にオリンピック競技大会開催どころではなくなっていった。嘉納治五郎の唱えた「精力善用・自他共栄」とは違う方向に日本は進んでいってしまう。やがて太平洋戦争が起こり、一九四五年八月十五日を迎えるまでには、東京は空襲で焦土《しょうど》と化した。

その中を人々はたくましく生き、戦争からの復興がなされていく。一九五一年にサンフランシスコ平和条約が結ばれ、日本はようやく国際社会に復帰する足がかりを得た。

スポーツ界では、水泳で古橋廣之進と橋爪四郎が国際大会で優勝を争い、戦後の日本人に大きな自信を与えた。国際社会への復帰が果たされていくなか、日本体育協会（大日本体育協会より改称）は、再び東京でのオリンピック開催を目指すことになった。

一九五二年に米国のA・ブランデージがIOC会長に就任した。彼は嘉納とも親しく、一九四〇年の東京大会を最後まで支持した人物であった。彼は、嘉納や岸清一（日本体育協会第二代会長）のスポーツに対する考えに触れたことで、日本での開催を支持するようになったと述懐している（Avery Brundage Speech. Opening Ceremony 62nd Session International Olympic Committee. Tokyo, Japan、一九六四年十月六日）。ブランデージは戦後も積極的に東京招致を支持した。また、氷川丸の船上で嘉納の最後を看取った平沢は、一九五九年、ミュンヘンでのIOC総会で東京招致の最終演説を行うことになった。

〈日本の若者はオリンピック競技大会について深く理解している。小学校の時からオリンピック精神やオリンピック・ムーブメントについて学習している。ここに日本の小学校六年生の教科書を持って来ている。七ページにわたって、『五輪の旗』というエッセイが掲載されている。オリンピック競技大会の始まり、その基本的な考え、近代オリンピックの父であるクーベルタン男爵の人生について語られている〉。このように述べ、そのエッセイの一節を読み上げた。(Presentation by Kazushige Hirasawa, IOC)

この演説は委員たちの心を動かしたと評された。教育を重視した嘉納の思いが胸中にあったに相違ない。平沢は、東京招致の基礎固めは戦前の嘉納らの働きによるものであり、古参のＩＯＣ委員が、嘉納との思い出をなつかしく話してくれたと述べている（『国際社会のなかの日本：平沢和重遺稿集』日本放送出版協会、一九八〇年）。

また、平沢は〈私が東京都を代表して招致演説をやったわけだが、委員会のメンバーである東龍太郎博士が委員諸公に私を紹介する時に、「嘉納先生の最後をみとった人物」であることに触れたとたん、委員諸公の顔にはありありと緊張の色が浮かんだ。大部分の委員は嘉納先生を知っていて改めて先生の逝去を悼んでくれた。従って、私の演説の陰の力としてどれだけ嘉納先生の存在が物をいったか計り知れない〉（『世界柔道史』恒友社、一九六七年）と述べている。

こうして一九五九年ミュンヘンでのＩＯＣ総会において、第一八回大会の開催地に東京が決定した。その二年後の総会で、柔道が東京大会で行われることが正式に認められた。国際柔道連盟のみならず、欧州柔道連盟も、柔道をオリンピック種目にするために精力的に動いた。嘉納を尊敬していたフランスのＩＯＣ委員ピエトリは、柔道をオリンピック種目に加えることに奔走した。柔道による青少年の教育を示し、ＩＯＣ委員を二九年間務めた嘉納の人脈が、一九六四年の東京大会の実現と、柔道のオリンピック種目への導入に大きく貢献した。

ただし、嘉納治五郎が柔道をオリンピック種目にするべく働きかけた形跡はない。嘉納は柔道をオリンピック種目にすることではなく、「精力善用・自他共栄」の精神が普及することを目指していた。嘉納の目指した精神が一九六四年の大会で示されたのは、柔道無差別におけるオランダのヘーシンクの戦いぶりであった。彼が優勝を決めた瞬間、興奮した自国の関係者が畳の上に入って来ようとした時に、ヘーシンクはそれを手で制止した。敗者にも礼を尽くす姿に嘉納の精神を見ることができる。「精力善用・自他共栄」が外国人にも受け継がれていたのだ。

一九六四年十月十日の開会式で、ブランデージＩＯＣ会長は、遂にオリンピックの聖火がアジアに渡り、これですべての大陸が結ばれたと述べた。嘉納治五郎が目指していたオリンピックが世界の文化になることを、彼を尊敬していたブランデージが東京の開会式で宣言したのだ。嘉納がこの場にいたらどんなにか嬉しかったであろうか。大日本体育協会設立の会議に立ち会い、嘉納を長く支え続けた可児徳（当時八十九歳）は、開会式の日に次のようにつぶやいた。〈嘉納先生がいたらなあ。開会式をみられるわしは本望だ。もういつ死んでもいい。嘉納先生には、わしがこの世でよく見ておいて、あの世に行ったとき、報告しますよ。本当にすばらしかったとね〉（一九六四年十月十日付「読売新聞」）

一九六四年の東京オリンピックは嘉納治五郎の思いが受け継がれた大会であったのだ。

第八章

金栗四三——長距離走の普及

明治の大マラソン大会

箱根駅伝やニューイヤー駅伝、東京マラソンや福岡国際マラソンなど、現代人は道路を使ったマラソン大会を当たり前のように楽しんでいる。そもそも道路を使った長距離走は、日本ではいつから始まったのだろうか。

明治時代の陸上競技についての研究は、山本邦夫の著作『陸上競技史・明治編』（道和書院、一九七〇年）や『日本陸上競技史』（道和書院、一九七九年）に詳しい。それによると、明治の陸上競技の多くは、各県の師範学校や高等専門学校や、中等学校で実施されたのがきっかけだった。

たとえば山口高等学校の長途競走（一八九九年）、第一高等学校の一三マイル（約二一キロ）大競走（同年）だ。山本氏によると、組織的な長距離走を最初に実施したのは東京高等師範学校だった。

一八九八（明治三十一）年二月、当時御茶ノ水にあった東京高等師範学校から池上本門寺までを走った「健脚競走」が、道路を使った日本初のマラソン大会だ。一九〇八年からは毎年春と秋の二回、東京高等師範学校は長距離走大会に全校生徒を参加させた。

東京高等師範学校の嘉納治五郎校長は「心身鍊成のため、準正課として体育を教える」という方針を掲げていた。高等師範学校の卒業生は全国の中学校の教員として巣立っていったため、長距離走は彼らによって全国的に普及している（『陸上競技史・明治編』同前書）。

のちに「マラソンの父」と呼ばれる金栗四三は、東京高等師範学校の中で選手として育てられていった。

往復一〇キロを走って通学した金栗四三

金栗四三は一八九一年八月二十日、熊本県玉名郡春富村（現・和水町）で父・信彦と母・シエの間に生まれた。名前の由来は、造り酒屋を営《いとな》んでいた父親の信彦が四十三歳のときに生まれたことだ。

一八九七年春、金栗は春富村の吉地尋常小学校に入学する。一九〇一年春、十歳のときに、現在の南関町にある玉名北高等小学校に入学した。このころ金栗は、往復一〇キロの道のりを毎日走って通学した。のちに金栗は、当時のことを次のように回想している。

〈僕のマラソンの基礎は小学校五、六年から高等一、二年の四年間に築かれたと深く確信している、それというのは、僕の家から学校まで約一里余りある山坂多い田舎道を毎日誰がいうことなく村の生徒は申し合わせて往復を走ったり歩いたりして通学した、初めは一里余りの緩走も疲れを感じたが、四年の後には三四里の山坂は平気でかるく走り続け得た、雨の日、雪の日、炎天の下、四年間の通学は今は思い出の種子となって一生忘れる事の出来ない賜である〉(『小学校に於ける競技と其の指導法』南光社、一九二四年)

小学校時代に通学時間を利用して走りこんだことが、自分の走力を高めるのに大いに役立ったと金栗は信じていた。

一九〇五年、金栗は玉名中学校(現・熊本県立玉名高校)に進む。ここでは体育のみならず、学業面でも良い成績を残した。その後、一九一〇年に東京高等師範学校の地歴科に入学する。

金栗四三と師・嘉納治五郎の出会い

このころの東京高等師範学校は嘉納治五郎が校長を務めており、学生の体育やスポーツ活動が盛んに行われていた。当時の学生たちの体育やスポーツ活動は、以下のようなものだった。

▼一八九六年　運動部を統括する運動会が設立され、生徒は部活動への参加および三〇分以上の運動をすることが奨励される
▼一八九八年　全校生徒が参加して、御茶ノ水から池上本門寺まで走る健脚競走（長距離競走）を開催
▼一九〇一年　大塚で陸上運動会を開催
▼一九〇五年　夏の水泳実習が新入生の必修となり、二週間、千葉県の館山に宿泊
▼一九〇八年　剣道、柔道のいずれかを選択することが新入生に課せられた。また、徒歩競走（長距離競走）が春と秋の年二回行われるようになった

金栗四三が入学した当時は、夏に水泳実習、春と秋に長距離競走があった。また柔道もしくは剣道を習い、さらに生徒は運動部にも所属した。最も体育に力が注がれていた時期に東京高等師範学校に在学したのは、金栗にとって幸いだった。

金栗は、東京高等師範学校から大宮まで六里（約二四キロ）の長距離走を走って優秀賞を得ている。東京高等師範学校で金栗は、嘉納治五郎校長に才能を見出される。そして、長距離走者として本格的なトレーニングを行うことになった。

入学後の翌年、金栗四三は徒歩部に入部する。金栗は徒歩部の練習だけでなく、毎朝早く起きて他人の何倍も黙々と走りこんだ。金栗は少しでも速く走るために、「脂抜き法」（武田千代三郎によるトレーニング方法）を実践している。できるだけ水分をとらず、身体を軽くして走るというものだ。ただし身体がついていかず、遂には倒れてしまう場面もあった。

世界記録保持者としてオリンピックに初出場

一九一一年十一月二十九日、金栗が二十歳のとき、オリンピック初出場をかけて日本で代表選手選考会が催される。金栗は徒歩部のホープとして、マラソンの予選会に出場した。その結果、見事優勝した。しかも当時の世界記録を二七分も縮める驚異的な記録（二時間三二分四五秒）を出したのだ。

金栗は日本代表に選ばれた。だがオリンピック代表といっても、選手は旅費を自己負担しなければならない。金栗には、旅費の捻出《ねんしゅつ》はとても不可能だった。この経済的な問題の解決を図るため、東京高等師範学校校友会は金栗の後援会を設立することを決定する。設立趣意書には、後援会設立の意図、目的についておおよそ次のように書かれている。

〈金栗選手後援会設立趣意書

第五回国際オリンピック大会が七月にスウェーデン、ストックホルムにおいて開催される。

嘉納治五郎氏が大日本体育協会を組織して羽田にてその予選大会を開催し、金栗四三氏が二時間三十二分四十五秒と世界記録を破りて優勝した。

金栗は五月下旬を以て渡欧するが、益々その健康を増進せしめ無事参加して実力を発揮してもらうために本会が設立された。

全国の有志各位、別記事項参照の上、この挙に賛同することを願う。

明治四十五年四月

金栗選手後援会〉（『校友会誌』三二、東京高等師範学校、一九一二年）

後援会の規定では、次のように定められた。

〈金栗選手後援会規定

一、本会を金栗選手後援会と称す

一、本会は今夏瑞典に於いて開催せらる〝国際オリンピック大会〟に参加すべき金栗四三の後援をなすを目的とす

一、本会は其目的を達せんがために左の事業を行う

1．選手の練習参加等につきて十分の便宜を与うること

2．適当なる人を附添わせること

3．金銭を醵して選手及附添その他に関する費用に充てること

4．選手及附添の送迎会を催すこと等

一、本会員は左の三種とす

1．名誉会員　金五円以上醵金《きよきん》せるもの

2．特別会員　金弐円以上醵金せるもの
3．通常会員　金壱円以上醵金せるもの
一、本会は事務を処理するために左の役員を置く
会長一名、委員長一名、委員若干名
一、本会は事務所を東京高等師範学校校友会に置く〉

後援会から寄せられたオリンピック遠征資金

金栗四三の後援会長には、峯岸米造（地歴科教授）が就任した。一九一二（明治四十五）年四月、先の文書が全国に散らばる東京高等師範学校の卒業生宛に発送される。そこには金栗がオリンピックに出場するための付添人の派遣、渡航費用、練習費用、送迎会を開催することなどが書かれていた。

後援会には、東京高等師範学校の卒業生で形成する「茗渓会」会員をはじめ、在学中の学生も参加した。全国の有志からは総額二〇〇〇円三五銭一厘の醵金が集まった。学生は予科、本科を合わせて五二三円、専攻科生三〇人からは三〇円が寄せられた。平均すると、一人あたり一円に相当する。東京高等師範学校の学生のみで、総額の二

七パーセントを占めていた。

個人として最も多額の醵金を出したのは、嘉納治五郎校長（三五円）だった。続いて後援会長の峯岸、永井道明、中島信虎、後藤牧太が一〇円だ。団体としては肥後会が三〇〇円、茗渓会本部が五〇円、神奈川師範生徒が二〇円だった。団体と個人をあわせて、全国から四三二件の醵金の申込があったことが校友会で報告されている。

公務員の初任給が五五円（一九一一年）、日雇い労働者の賃金が五六銭だったころの話だ（週刊朝日編『値段史年表　明治・大正・昭和』朝日新聞社、一九八八年）。

これらの醵金はどのように使われたのだろうか。『校友会誌』第三四号には、醵金の使途について報告されている。醵金は練習費、旅費、通信費、歓迎費、雑費に使われた。内訳を見ると、練習のための卵などの食料費や練習および試合用のユニフォーム、足袋、付添人への手当などがある。

金栗がオリンピックを目指して行った練習や、渡航のための日用品など、様々なものが整えられた。後援会によって多額の支援金が集まったおかげで、金栗四三は初のオリンピック出場を果たすことができたのだ。

苦いオリンピックデビュー

一九一二年七月、第五回オリンピック（ストックホルム大会）が開催された。一九一二年五月、金栗ら一行はスウェーデンに向かって出発した。日本人初の選手団の選手団はどのような行程でストックホルムまで行ったのだろうか。金栗が東京高等師範学校の校友会誌に記した「国際オリンピック大会参加の記」より抜粋すると次のようであった。

〈五月十六日、金栗、三島、大森、峯岸は新橋駅を汽車にて出発。沼津、静岡、名古屋、岐阜の駅で人々の熱烈な歓迎を受ける。

五月十七日夜明けに米原に到着し、乗り換えて敦賀に着き、金ヶ崎城跡を登り、夕方五時頃にウラジオストック行きの鳳山丸にて出航し、見送りとして同行した峯岸後援会長と別れた。

五月十九日午前十一時、ウラジオストック港に到着。夜七時に欧州行きの列車に乗る。単調な野原や森林などの中を数日間走る。シベリアの森林は立派なもので特に松はよく成長していた。

二十二日バイカルに到着。山々は氷結していて美しい。夜イルクーツクで乗り換える。二十三日朝、ウラル山脈に入る。

二十六日、欧州とアジアを隔てる標柱を通過する。

五月二十八日、モスクワ到着。壮大な寺院や天井、壁の装飾などを見る。モスクワは半日のみで汽車で十一時間かけてサンクトペテルブルクに向かう。二十九日八時着。大使館員の迎えあり。フランスホテルに宿泊。

ストックホルム行きの船の関係で三日間滞在。冬宮殿（エルミタージュ美術館）を見学。

五月三十一日サンクトペテルブルクを船で出発し、ストックホルムを目指す。

六月二日午後一時、ストックホルムに到着。

六月三日疲れのため終日休息する。

六月四日マラソンコースを自動車にて下見する。競技場の北西のコースで大体平坦だが四箇所に坂がある。人気のあまりない田舎道二万米を往復するコースであることを知る〉（金栗四三「国際オリンピック大会の参加の記」東京高等師範学校校友会『校友会誌』三四、一九一三年）

金栗ら一行は、五月十六日に東京駅を出発し、一七日間かけ、六月二日にストックホルムに到着した。練習は五日目から徐々に行えるようになるほど、汽車汽船での移動の疲れは大きかった。外国人選手たちの科学的なトレーニングに驚きながら、金栗は七月十四日のマラソン競技当日を迎える。

その日は気温三〇度を超え、ストックホルムでは記録に残る暑い日だった。この天候のため、六八人の選手のうち三四人が棄権する過酷なレースとなった。スタート後の様子を金栗は次のように綴っている。

〈用意!!　つづいてドン!!　運動場を半周して八十の影は正門を出て北西のマラソンの道に向いた。観客が発する喝采は空気をどよめかした。正門を出れば道の両端は三四重の人垣を造っている。然し僕の耳には彼等の騒ぎ声は入らなかった。五町過ぎ、十町過ぎ、最後について走った。太陽はその熱い熱い光線を射りつける。走り方は日本でやると変わっていない。一人二人と漸次に進みつつ山林の間を抜け、家の近くを経て二里近くなった。元気は益々盛んで一般感覚も別に変わる所はない。二里を過ぎるころから落伍者が続々として出る。然るに三里近いと思う頃、今迄何ともなかった身体の調子が変になって来た。ハテ妙だなと思う中次第に呼吸切迫して来る。足と呼吸とが一致しない。しかしながらこれはおそらく一時的発作で暫くしたら、快復するだろうと練習の時の経験から楽観して、更に一五町ばかりも走った。ところが此度は快復しない。のみならず、足の踏む力さえ確かでない。呼吸は漸次切迫して来る。胸に突き刺さるような苦痛を覚え、身体の全部が刻々に苦痛を増し、すべてのものが黄色に見えるようになった。栓術ないから丁度有り合わせの休息所に寄り中止の止むを得ざるに至った。然れども僕の精神は決して無意識ではなかった。此所に日本人の応援として待っている者がいたので、その休息室に助けられ横臥した。応援者の慰撫も終に余の苦を増すに過ぎなかった。数十分の後に気も確かとなってきた。尚数時間した後これらの人と共に宿に帰った〉(同前書)

オリンピックのスタートが切られたものの、しばらくして金栗は熱中症により走ることができなくなったのだ。異変に気づいた人が近所の家に連れて行き、介抱《かいほう》してくれた。その家で休んだあと、金栗は失意のもと宿舎まで戻る。

このときの気持ちを、金栗は報告書に次のように記している。

〈本年六月二十九日より七月二十二日までスウェーデンの首都ストックホルムにて開催される第五回国際オリンピック競技会に私が参加することになり、陰に陽に在校生や同窓生並びに先輩諸氏の熱い声援をいただいたこと、深く感謝いたします。しかしながら不肖にも自身の思いと違って、閣下並びに諸君の期待に反し、芳志に酬《むく》いる事なく、なお帝国運動史上に拭う事のできない汚点を印した事は実に面目ない次第です。その汚辱を雪《すす》ぐため、私は終生肝に銘じ、忘れることはありません〉

（同前書）

オリンピック本番は残念な結果に終わったが、当時の欧米選手の科学的トレーニング方法をつぶさに観察できたのは大きな収穫だった。彼らのような練習方法を、日本の選手も取り入れていかなければいけないと金栗は痛感する。足袋と靴の優劣を試し、ランニングシューズの研究を進める必要もあることを金栗は感じた。

また、外国での試合で特に重要な問題は食事だった。

〈食事は当地に着いてからは洋食である。しかし米が食べたくてたまらず、昼飯には特に米を注文したのだが、その米たるや、どう炊いても到底口に入るものではなかった。寄宿舎の三等米よりまずく絶望した。日本食の淡泊なのに対して一般に洋食は脂っこいので、身体の組織に多少の変化を生ずることは言うまでもない。米そのものについても日本人は日本の米に対して一つの変わらざる嗜好をもっている。同じ米でも外国米では凌げない。そうであれば、これは単に競技上の問題に止まらず産業上の大懸案であると言わねばならない〉(同前書)

帰国後、金栗は海外遠征における日本食、日本米の必要性を強く訴えた。

そして彼は、たどり着けなかったゴールを目指して必死で練習した。暑さで倒れてから彼が考え出したのは、真夏の房総海岸での「耐熱練習」だ。水泳実習で宿泊した館山を拠点にし、酷暑のトレーニングを開始した。また心肺機能の充実を図るため、富士登山競走も行った。高地トレーニングに匹敵《ひってき》する厳しい内容だ。

一九一三年、金栗は東京高等師範学校の最高学年次に徒歩部室長になった。一九一四年春、金栗は東京高等師範学校を卒業後、研究科へ進んだ。

同年十一月、金栗は第二回陸上競技選手権大会のマラソンに出場し、当時の世界記録を塗り替える二時間一九分二〇秒三を出している。二年後に行われる第六回オリンピック競技大会(ベルリン大会)でのマラソンの優勝候補として期待された。しかし、ベルリン大会は第一次世界大戦のため中止となり、金栗は雪辱をめざしたオリンピックに出場できなくなってしまう。

金栗は走るための道具の研究にも余念がなかった。東京高等師範学校近くの足袋屋「ハリマヤ」の黒坂親子に頼み、足袋の改良に取り組んでいる。そして凹凸のあるゴム底をつけた「金栗足袋」を完成させた。

大正末期にはハゼ（足袋）をやめ、甲にヒモをつける靴に変えた。これは戦後まで、多くの選手に使われている。金栗はオリンピックへの夢をあきらめず、アントワープ・オリンピック（一九二〇年）やパリ・オリンピック（一九二四年）にも出場した。また下関・東京間、樺太・東京間を走破するなど、長距離走の普及にも尽力している。

金栗四三は、国内で多くの長距離走を走破した。彼が出場した大会の一覧を見ると、日本全国を走破しながらマラソン普及に努めたことがわかる。

▼一九一七年四月　日本初の駅伝「奠都（てんと）記念東海道五十三次駅伝競走」（京都～東京間）を企画し、金栗自身もアンカーを務めて優勝
▼一九一七年七月　富士登山マラソン競走に出場
▼一九一九年七～八月　下関～東京間（一三〇〇キロ）を二〇日間で走破

▼一九一九年十一月　日光～東京間（一二〇キロ）を一〇時間で完走
▼一九二〇年二月　四大校駅伝競走（第一回箱根駅伝）を野口源三郎らと企画し実施
▼一九二二年八月　樺太～東京間を二〇日間で走破
▼一九三一年　九州一周マラソン走破

一九二〇年には、自身二度目のオリンピックとなる第七回オリンピック競技大会（アントワープ大会）にマラソン競技で出場した。優勝を期待されていた金栗だったが、足の故障などもあり、一六位（二時間四八分四五秒）という結果に終わる。

この日は降りしきる雨の中でのレースとなり、耐熱練習の効果を見ることはなかった。アントワープ・オリンピック後、金栗はドイツに渡り、そこで女子体育の発展ぶりを目の当たりにした。帰国後は、日本での女子体育の普及のため精力的に活動する。

一九二四年、金栗は三十二歳のときに第八回オリンピック競技大会（パリ大会）のマラソン競技予選会で優勝する。しかしながら、選手としての金栗はすでに体力的、年齢的にピークを過ぎていた。本番のオリンピックでは前半のオーバーペースが災いし、三二キロ地点で棄権してしまう。このオリンピックを最後に、金栗は現役の第一線から引退した。

引退前から金栗四三は陸上競技を中心にスポーツの普及にいっそう努力を重ねている。特に、金栗が野口源三郎や沢田英一らとともに、箱根駅伝を構想、具体化した事実は特筆に値する。

一九二〇（大正九）年に明治大学、東京高等師範学校、早稲田大学、慶應義塾大学の四校で第一回の駅伝大会を開催し、東京高等師範学校が優勝した。当時の大会名は「四大校駅伝競走」だ。その後、この大会は大学や専門学校の間で人気が高まり、「箱根駅伝」として長距離走の普及に大きく貢献する。

金栗は全国を走り抜いたが、単に走るのみでなく、各地の学校で走ることの楽しさについての講演を行っている。子どもたちや青少年と一緒に、金栗は全国を走破した。たとえば一九二二年、金栗は樺太～東京間の約三五〇里（約一二〇〇キロ）を二〇日間で走破したが、金栗はただ樺太～東京間を一人で走ったのではない。行く先々の町で、講演やスポーツの指導を子どもたちに行いながら走破したことが日記に記されている（金栗四三『樺太～東京間踏破記』一九三二年）。

講演の内容としては、日本人初のオリンピック選手としてマラソン競技に出場した話など、金栗の経験や体験談が多かった。時には教育関係に関する話にも及んだ。

金栗が走破の途中で通った市や町では、出迎えや宿泊する宿、食事の用意が準備され、当時の新聞には彼についての記事が大きく掲載された。日本のヒーロー「マラソン王」を、町をあげて歓迎するケースが多かったようだ。

金栗はランニングの途中、その地域の青年や学生たちと一緒に走り、多いときには約二〇人が彼と共に走ったことが日記に書かれている。金栗と一緒に走った人々は長距離走やスポーツに興味をもち、結果的に長距離走の発展につながった。オリンピックでは入賞すらできなかった金栗だが、長く日本代表選手を務めた彼の評判は高く、各地で歓迎された。

また金栗の提案により、大日本体育協会は陸上競技大会でのマラソン競走とは別に、一〇マイル（約一六キロ）のレースを一九一六年から開催している。一九一八年からは、一〇マイル短縮マラソンとして行われた。

一九一八年の第一回一〇マイル短縮マラソンは、東京帝国大学運動場から板橋街道を走り、折り返して東大に戻った。参加者は一三〇人ほどだった。

第二回（一九一九年）から第七回（一九二四年）まで一〇マイル短縮マラソン競走は続けられ、東京高等師範学校運動場から中仙道志村坂までのコースを競った。この大会は極東選手権競技会やオリンピックの予選にもなったため、盛況を極めている。

このようにして、長距離走は国内に広まっていくのである。

今日、箱根駅伝はお正月のテレビのキラーコンテンツとして絶大な視聴率を集めている。皇居周辺を走る「皇居ランナー」をはじめ、健康維持のためにジョギングを日課にする日本人は過去最高の急増ぶりだ。

走ることを生活の一部に取り入れ、日本人が走ることを楽しむようになったルーツは、一〇〇年以上前の嘉納治五郎の提案とそれを実践した金栗四三にある。あらゆる世代を対象にする生涯スポーツとしてのジョギングやマラソンは、ますます日本人に浸透していくに違いない。今日のジョギングブームの姿こそ、嘉納治五郎や金栗四三が目指した社会と言えるかもしれない。

終章

共生社会を目指した嘉納治五郎

嘉納治五郎は、スポーツの価値を次のように考えた。「筋骨を発達させて身体を強健にし、道徳や品位の修養に資し、長く続けることで心身ともに若々しくある」ということだ。これは長く柔道と体育の振興に努めた嘉納の結論であったが、これらの価値は、誰人にもあまねく当てはまるので、嘉納は、すべての人々に体育・スポーツを行わせたいとの思いを持ち、教育者として実践した。結果的に体育スポーツの世界に多様な人々を導き入れたといえる。具体的には性別、国籍、年齢に関係なく体育・スポーツを奨励した。そしてオリンピック・ムーブメントに対しても多様な視点を入れようと努力した。学校体育や柔道の恩恵を直接受けることのできた青少年はもちろんだが、それ以外にも、多様な人々に対して嘉納はスポーツの価値を教授した。

一、講道館柔道への女性の受け入れ（一八九三年）

嘉納は一八九三年に女性の門下を講道館に受け入れている。嘉納は、女子の柔道を教える経験は少なく、効果があるかどうか、共に研究してみるつもりで来るように述べている。食事療法や亜鈴《あれい》での運動、柔の形の指導、受け身、そして乱取練習へと進み、富士登山を行い、女性にも柔道の効果があることを確認した。そこに至るまで時間はかかったが、女性の入門を断るのではなく、まず自身で実験的に研究し、その効果を確認してから多くの女性を講道館に受け入れたことは、研究熱心であった嘉納らしい。また、各府県に高等女学校を設置する高等女学校令（一八九九年公布）の作成に文部省普通学務局長として関わるなど、女性の教育にも積極的であった。

二、中国からの留学生（一八九六年）

一八九六年より八〇〇〇人ほど中国から留学生を弘文学院、そして東京高等師範学校に受け入れたが、彼らにも分け隔てなく、運動会や水上大会（ボート）、そして部活動にも参加させた。中国からの留学生は、来日して初めてスポーツに接する者も多かった。国籍に関係なくスポーツを教えたのである。

三、東京高等師範学校附属小に特別学級を設置し体育教育を重視（一九〇八年）

文部省は一九〇七年に訓令を出し、師範学校に盲・聾唖児や心身発育不全児の特別学級を設置し、その教育方法の研究を奨励するとした。これを受けていくつかの師範学校がその研究に乗り出し、嘉納が校長を務める東京高等師範学校附属小学校でもその研究が始められた。嘉納校長、主事（樋口長市《ちょういち》）、訓導（小林佐源治）の三者が共通に理解して進められ、同校では、一九〇八年に知的障害のある生徒のための特別学級を設置し、自由な遊戯やスポーツなどを入れた体育に力を入れ、知識を身につけさせるのみではなく、障害があっても社会で自立して生きていける人間の育成を目指した。この教育は長く続けられ、障害児教育における体育・スポーツの研究が進んだ。障害のある人々にも体育・スポーツの効果があることを示したのだ。この研究は嘉納が校長を辞した後も続けられ、現在、五校ある筑波大学附属特別支援学校に受け継がれている。

四、大日本体育協会設立による国民体育の振興（一九一一年）

従来から嘉納が考えていた男女に関係なく、年齢に関係なく、経済的立場にも関係なく、さらに運動の得手不得手に関係なく誰でもできる長距離走と水泳を国民体育としてその推進を図った。今日、水泳とジョギングは多くの人々が愛好しているスポーツであり、嘉納により生涯スポーツとしての端緒が開かれたといえる。

このように、嘉納は、誰に対してもスポーツは実践する価値があると信じ、分け隔てなくスポーツの価値を享受《きょうじゅ》できるように働いたといえる。こうした経験があったからこそ、一九〇九年にオリンピックの理念も理解し、オリンピックへの参加を快諾できたのである。今日のオリンピック・ムーブメントのキーワードは、あらゆる差異を超え、多様性を認めることにあるが、嘉納はすでにそのことを身をもって示していた。

オリンピックは、欧米の文化であるので、アジア的な考えに触れさせることで、真に世界の文化になると主張し、そのために東京での開催を訴えた。それはオリンピック・ムーブメントに多様性を含ませる運動であった。

欧米の文化であるオリンピック・ムーブメントに、アジアの要素、それは嘉納治五郎の考えていた「精力善用・自他共栄」の考えを、オリンピック・ムーブメントに組み入れることを企図していた。オリンピック・ムーブメントに多様性を注ぎこむことを主張した最初のＩＯＣ委員であったのだ。

そうした嘉納治五郎の考えを集大成した者が一九二二年に設立した講道館文化会での宣言と綱領の発表であった。

〈多年講道館柔道の研究によって体得した精力最善活用の原理を応用して世に貢献せんと決心し新に講道館文化会を設くることにした〉

嘉納は、次のような宣言と綱領を発表している。

〈宣言
本会は精力最善活用に依って人生各般の目的を達成せんことを主義とす
本会はこの主義に基いて、
一、各個人に対しては身体を強健にし智徳を錬磨し社会において有力なる要素たらしめんことを期す
二、国家に就いては国体を尊び歴史を重んじ其の隆昌を図らんがため、常に必要なる改善を怠らざらんことを期す
三、社会に在っては個人団体各互に相助け相譲り徹底せる融和を実現せしめんことを期す
四、世界全般に亘《わた》っては人種的偏見を去り文化の向上均霑《きんてん》に努め人類の共栄を図らんことを期す〉

〈綱領

一、精力の最善活用は自己完成の要訣なり
二、自己完成は他の完成を助くることに依って成就す
三、自他完成は人類共栄の基なり〉（前掲『嘉納治五郎』）

国家に対しては、必要な改善を働きかける。世界に対しては、人種的偏見を捨てて文化の向上に努める。これらを一九二二年という、いまだ帝国主義や植民地主義が幅を利かせていた当時に発表した。画期的な内容であった。嘉納は世界を回り、人種的な偏見こそ、人類共通の文化を広めていく障害になると考えた。人類の文化とは柔道やスポーツであり、オリンピック・ムーブメントであった。嘉納は、一九二〇年のアントワープ・オリンピックに出場する日本選手たちをアメリカに連れて行き、そこで練習をしてベルギーに向かったが、多くのプールでは、白人のみが使用でき、有色人種は使用を許可されず、苦労したことがあった。国の代表選手でも使用できない、という苦い経験からも、嘉納は人種的偏見を排さなければならないと実感したのであろう。人間に対する様々な偏見こそスポーツの価値を広める際の障壁なのだ。

そして嘉納は「自己完成のため、他者の完成に尽くし、そうして成し遂げられた自

他の完成こそ、人類が共に栄えていく基本である」という思想を示した。国家よりも個人に力点を置き、「個人の人格的完成による社会変革」という発想だ。

また「自他共栄」は、あらゆる宗教や学説を超えて誰もが納得できる道徳であり、人の生き方であると嘉納は説いた。

この考えは「滅私奉公」という考えや国家主義が台頭しつつあった当時においては、異色だった。今日においても、「精力善用・自他共栄」の思想は何ら色あせるものではない。柔道、教育、そして世界の体育・スポーツに関わってきた嘉納が到達した境地は、時代も国境も超えた普遍的なものだった。

「精力善用・自他共栄」の具体的な行動は関東大震災の後に次のように示している。再度嘉納の書いた一文を掲載したい。

〈己の生活を立てる途を考え、それに差し支えがなければ、自己発展のためと同時に他の個人のため、社会のため、国家のため、人類のため、即ち一言にていえば他のために何をどうするがよいかということを考慮し、その最善と信ずることを遂行するのが当然とるべき途である。さすれば、己が最善と信ずることをするのであるから、それより良い途がありようはない。自分が一番良いと信じていることをしている以上は、不快を感じ不安を感ずる必要はない。必ず満足してそのことに当たることができる訳である。又一番良いことをしている以上は、前途に光明を見いだすことができる訳である。そうすれば、生き生きとした精神状態でそのことに当たることができる〉（『柔道』第二巻第九号、一九二三年）

少年に柔道を教える嘉納

個人も国家も「精力善用・自他共栄」に努めるべきだと嘉納は提唱したのであった。

二〇一六年にＩＯＣのトーマス・バッハ会長が筑波大学を訪れた際、バッハ会長は「ＩＯＣは社会との接点をどう作っていくか、真剣に考えている。震災からの復興の姿を示すことは、スポーツがもつ新しい価値だ」と語っていた。一九二三年に関東大震災を経験した日本は、スポーツも復興に貢献した。「このようなときだからこそ、国民の士気を鼓舞するとともに日本人が『震災に負けていない』姿を世界に示すべきだ」と嘉納治五郎は強く主張し、震災直後のパリ大会（一九二四年）への出場を決めた。それに応えて日本選手は活躍し、その後の大会で金メダルを獲得して行く。

一九六四年の東京オリンピックも第二次世界大戦で焦土と化した東京の復興の姿を示したのであった。災害からの復興に前向きに向き合い、災害前よりもより良いものに作り上げていく、これは日本人の精神性であり、日本の文化を築き上げた源泉といえる。アスリートたちもそのように行動したといえる。災害に対するこのような姿勢は、まさに「逆らわずして勝つ」という論理であり、そのために精力を最も有効的に活用し、自然を他者と捉え、自他共に発展していくように心がけてきたのではないだろうか。

おわりに

嘉納治五郎は様々なことを成し遂げた。講道館柔道の創設と国際的普及、日本における体育教育の確立、留学生教育やオリンピックへの参加と東京への招致などである。それを行うには様々な困難があった。その折に嘉納が示した態度は、「逆らわずして勝つ」という姿勢である。

東京への招致に対してIOCは、東京への距離が遠く、日数と経費がかかることを理由に反対するが、嘉納はそのような条件で日本は毎回参加しているのだから、一度くらい欧米から日本に来ても良いではないか。そうすることでオリンピックが世界の文化になる、と主張した。相手の意見を受け止めつつ、それを利用して勝つ、という戦法だ。

その後、一九三八年のIOCカイロ総会では、前年に勃発《ぼっぱつ》した盧溝橋《ろこうきょう》事件と日中戦争に非難が集中し、東京オリンピック競技大会（一九四〇年）開催の是非が論じられていた。いったんは開催が決まった東京オリンピックについて、開催地の変更が密かに話し合われていたのだ。嘉納はＩＯＣカイロ総会への出発前、下関で記者団の質問に次のように答えている。

〈英国側が反対だなどと、それは風評だから、聞いてみてから考えるがよい。今からよけいな心配をするに及ばぬ。よけいな心配をすると頭が禿げる。（略）最後の場合は、臨機応変、柔道の奥の手を出すばかりだ〉（横山健堂『嘉納先生伝』講道館、一九四一年）

嘉納は「オリンピックは政治的問題から独立して行われなければならない」と主張し、ＩＯＣカイロ総会の会議を乗り切った。

嘉納の生涯はおしなべて、そのまま柔道の姿勢が貫かれていたといえる。相手の力量に応じて対応し、最後は最も効率良く勝利を得る。これが嘉納の巧みな交渉術だった。

「精力善用・自他共栄」をベースに「逆らわずして勝つ」という姿勢を貫いたのである。この信念により、どんな困難なことでも乗り越えていった。それが嘉納治五郎であった。
さらに「精力善用・自他共栄」の考えの根底には、共生社会へのまなざしがあった。男女や国籍はもちろん、器用・不器用、経済的なレベルに関係なく、誰もが体育やスポーツを行えるようにするべきだと考えた。障害のある生徒に対しても、体育やスポーツを教育の重要な要素として展開させている。その視点は、すべての差異を超えて体育・スポーツを普及させようとしたのである。

当時の日本は軍国主義化していく中であったが、嘉納は、国としても個人としても他国と融和強調するべきことを一貫して説いている。一九四〇年を世界平和の最もよき期間としたい、また柔道を国際的に普及させることで、外国の人々が日本を理解するようになり、そのような人々が増えれば、国同士の危機を和らげることができると述べているように、平和を希求した国際人であった。

二〇一八年十一月十八日

真田　久

主な参考文献（出版年順）

・嘉納治五郎「清国」『國士』四四号、一九〇二年
・嘉納治五郎『青年修養訓』同文館、一九一〇年
・東京高等師範学校校友会編『本校創立四十年記念校友会発展史』東京高等師範学校、一九一一年
・「金栗選手後援会」『校友会誌』三三号、東京高等師範学校、一九一二年
・金栗四三「国際オリンピック大会参加の記」『校友会誌』三四、一九一三年
・嘉納治五郎「大日本体育協会の事業について」『柔道』一巻一号、一九一五年
・嘉納治五郎「国民の体育について」『愛知教育雑誌』三五六号、一九一七年
・マアフィー著　金栗四三、石貫鐵心共著『オリンピック競技法』菊屋出版部、一九一九年
・東京高等師範学校校友会編『校友会誌』一～六七号、東京高等師範学校、一九〇二～一九二〇年
・金栗四三『小学校に於ける競技と其の指導法』南光出版社、一九二四年
・嘉納師範口述・落合寅平筆録「柔道家としての嘉納師範一～八」『作興』六巻一～八号、一九二七年
・金栗四三『樺太～東京間踏破記』一九三一年

・嘉納治五郎の書簡（一九三五年一月一〇日）ラツール宛、ＩＯＣオリンピック研究所所蔵
・東京市役所編『帝都復興祭志』東京市役所、一九三二年
・牛塚虎太郎の書簡（一九三五年四月一〇日）ＩＯＣ会長バイエ・ラツール宛、ＩＯＣオリンピック研究所所蔵
・Tokyo Municipal Office, Tokyo: sports center of the Orient. Tokyo, 1933
・大日本体育協会編『大日本体育協会史　上』大日本体育協会、一九三六年
・大日本体育協会『オリムピック』一四巻一二号、一九三六年
・大日本体育協会『オリムピック』一五巻一号、一九三七年
・明治神宮奉賛会編『明治神宮外苑志』明治神宮奉賛会、一九三七年
・「世界の嘆き」『柔道』九巻八号、一九三八年
・New York Herald Tribune　一九三八年五月四日
・平沢和重「嘉納先生が急逝せられて」『柔道』九巻七号、一九三八年
・永井松三編『報告書』第十二回オリンピック東京大会組織委員会、一九三九年
・横山健堂『嘉納先生傳』講道館、一九四一年
・日本体育協会編『日本体育協会五十年史』一九六三年
・佐伯操次編『東京の公園』東京都建設局公園部、一九六三年
・嘉納先生伝記編纂会編『嘉納治五郎』講道館、一九六四年
・Avery Brundage Speech. Opening Ceremony 62nd Session International Olympic Committee. Tokyo, Japan,

October 6th, 1964.
・牧口常三郎『牧口常三郎全集』第二巻、東西哲学書院、一九六五年
・丸山三造『世界柔道史』恒文社、一九六七年
・山本邦夫『陸上競技史・明治篇』道和書院、一九七〇年
・前島康彦『井下清先生業績録』井下清先生記念事業委員会、一九七四年
・日本公園百年史刊行会編『日本公園百年史―総論・各論―』第一法規出版、一九七八年
・山本邦夫『日本陸上競技史』道和書院、一九七九年
・『国際社会のなかの日本：平沢和重遺稿集』日本放送出版協会、一九八〇年
・財団法人日本体育協会『日本体育協会七十五年史』財団法人日本体育協会、一九八六年
・小泉八雲著 平井呈一訳『東の国から・心』恒文社、一九八六年
・嘉納治五郎大系全15巻、本の友社、一九八七、一九八八年
・北野与一『日本心身障害者体育史』不昧堂出版、一九九六年
・織田幹雄『我が陸上人生』日本図書センター、一九九七年
・Norbert Müller: Pierre de Coubertin. Lausanne: International Olympic Committee, 2000
・生誕１５０周年記念出版委員会編『気概と行動の教育者嘉納治五郎』筑波大学出版会、二〇一一年
・大熊廣明ほか編著『体育・スポーツの近現代：歴史からの問いかけ』不昧堂出版、二〇一一年
・真田久ほか編著『体育・スポーツ史にみる戦前と戦後』道和書院、二〇一三年
・長谷川孝道『走れ二十五万キロ―マラソンの父 金栗四三伝』熊本日日新聞／熊本陸上競技協会、

二〇一三年
・菊幸一編『現代スポーツは嘉納治五郎から何を学ぶのか』ミネルヴァ書房、二〇一四年
「資料東京オリンピック一九四〇—第十二回東京オリンピック東京市報告書—」二〇一四年
・真田久「第12回オリンピック競技大会（１９４０年）の東京招致に関わる嘉納治五郎の理念と活動」『マス・コミュニケーション研究』八六、二〇一五年
・創価教育の源流編纂委員会編『評伝 牧口常三郎』第三文明社、二〇一七年
「東洋のスポーツの中心地 東京」株式会社極東書店、二〇一八年
・佐山和夫『消えたオリンピック走者』潮出版社、二〇一八年
・真田久監修『東洋のスポーツの中心地東京：１９４０年幻の東京オリンピック招致アルバム』極東書店、二〇一八年
・真田久「第12回オリンピック競技大会（１９４０年）の東京招致と嘉納治五郎」『調査情報』五四三号、二〇一八年

嘉納治五郎――オリンピックを日本に呼んだ国際人

潮文庫　さ－4

2018年　12月20日　初版発行

著　者　真田　久
発行者　南　晋三
発行所　株式会社潮出版社
〒102-8110
東京都千代田区一番町6　一番町SQUARE
電　話　03-3230-0781（編集）
03-3230-0741（営業）
振替口座　00150-5-61090
印刷・製本　中央精版印刷株式会社
デザイン　多田和博

ISBN978-4-267-02161-9 C0123

潮文庫　好評既刊

金栗四三　消えたオリンピック走者　佐山和夫

2019年大河ドラマ「いだてん」で話題！『金栗四三』が待望の文庫化！　日本初のオリンピック・マラソンランナーの知られざる歴史を描くノンフィクション！

史上最高の投手はだれか〈完全版〉　佐山和夫

アメリカ野球界の伝説サチェル・ペイジを描いた幻のノンフィクションが大幅加筆で蘇る！「僕のピッチング理論を裏付けてくれた偉大な投手」と桑田真澄氏も絶賛！

花森安治の青春　馬場マコト

連続テレビ小説「とと姉ちゃん」のヒロイン・大橋鎮子とともに「暮しの手帖」を国民的雑誌に押し上げた名物編集長の知られざる青春時代に迫るノンフィクション。

カント先生の散歩　池内 紀

『実践理性批判』でくじけた貴方に朗報！　あの難解な哲学をつくったカント先生は、こんなに面白い人だった⁉　名文家が描く伝記風エッセイ。
